招才选将

企业如何招人选人

景 红 ◎ 著

中国商业出版社

图书在版编目（CIP）数据

招才选将：企业如何招人选人 / 景红著. -- 北京：中国商业出版社，2022.2
ISBN 978-7-5208-1838-4

Ⅰ.①招… Ⅱ.①景… Ⅲ.①企业管理－人才－招聘 Ⅳ.①F272.92

中国版本图书馆CIP数据核字(2021)第215857号

责任编辑：包晓嫦　佟　彤

中国商业出版社出版发行
（www.zgsycb.com　100053　北京广安门内报国寺1号）
总编室：010-63180647　编辑室：010-83118925
发行部：010-83120835/8286
新华书店经销
香河县宏润印刷有限公司印刷
*
710毫米×1000毫米　16开　12.5印张　185千字
2022年2月第1版　2022年2月第1次印刷
定价：58.00元
* * * *
（如有印装质量问题可更换）

前言

现实中,相信很多人都知道"人才为先,以人为本"等口号,尤其是在这个数字化转型的关键时期,人才更是决定企业能否获得长远发展的关键。

安德鲁·卡耐基曾说过:"带走我的员工,把工厂留下,不久之后,工厂就会长满杂草;拿走我的工厂,把我的员工留下,不久之后,我们还会建立一个更好的工厂。"

宝洁公司总裁说:"如果你拿走了宝洁的人才,却留下了金钱、厂房和产品,宝洁将会失败;如果拿走了宝洁的金钱、厂房和产品,留下了人才,宝洁将在10年内重建王国。"

杰克·韦尔奇说:"人才就是一切,有人才,才能成为赢家。一个好的CEO,首先应该是一个好的HR经理。"他说,美国通用电气公司之所以能获得成功,一大原因就是他将自己50%以上的时间和精力都用在了人才的培养和管理上。

企业真正的发展之源,就是源源不断的人才资源;企业之间的竞争,归根结底也是人力资源的竞争。选择了合适的人才或人才愿意加入,企业经营就能顺利进行;选错了人或人才不愿意加入,企业的发展就会受挫。

如今，绝大多数企业都说招聘难，越来越多的公司用更多的招聘手段想尽办法招聘人才，求助于专业的猎头来招聘的企业也在增加，但是并不是愿意花钱就一定能招来合适的人才。在现实的人才招募过程中，多数企业都没有确定清晰的人才标准，更不愿意投入精力让人尽其用。人才战略不合适，人才大量流失，企业的发展进退维谷。可是，人才没贴着标签，想要为企业找到合适的人才，绝不是一件容易的事，里面包含着众多学问。

企业要想成就伟业，必须从选对人开始。因此，企业老板或管理者一定要在招聘上多花费一些时间和精力，努力寻找志同道合的人，多方收集有能力的人才信息，招到对企业有意愿的人。

招聘是企业最大的投资。外部环境每时每刻都在发生变化，随着企业的不断发展，就需要足够的人才供应。如果企业存在知名度不高、规模不大、发展不确定等情况，就会陷入招人难的困境。一旦内部人员流动率提高，新招到人不合适又离开，企业就会陷入招人难的死循环。

企业一将难求，帅才更是难得，很多企业的问题在于，自己根本就不知道想招什么样的人，于是在招聘广告上屡次出现模糊的要求。

对××行业有深入理解——怎么算深入？需要达到哪种程度？

有较强的数据分析能力——怎么算较强？达到哪种境地，才算是较强？

有一定的产品sense——产品sense是什么意思？

具备良好的沟通能力——怎样的沟通算良好？

具备超强的抗压能力——抗压能力，就是能接受加班？

…………

事实证明，模糊的要求，让候选人无法评估自己是否合适，最后企业从市场上收集到的简历大多不合适。不要说这些要求让候选人看不懂，很多专业猎头也需要花费大量时间在厘清要求上，猎头最头疼的不是找人，而是企业无法说清楚想要什么样的人。

多数企业需要招人的直接领导、HR，都没办法清晰量化自己需要什么样的人，只能通过感觉、眼缘、与自己的相似度、履历等信息，得出模糊的结论。

甲过去在××干过，水平肯定挺高，能力应该不差。

乙在××行业干了五年，经验一定具备。

丙和我的思路一致，看来确实是内行。

丁的观点我不认同，一看就不是专业的。

认识模糊，如何能招到理想的人才？

招聘是件非常专业的事。人才质量的高低，不仅关系到企业人才库的建立，还会影响到企业的稳定运营。

如果存在招聘面试流程不科学、面试人员缺少面试技能、对面试目标认识片面等问题，即使企业投入了大量人力和物力，也招不到合适的人才。企业领导或HR只有树立全新的人才观，理顺选人流程，才能找到真正适合企业发展的人才。

企业发展之路长远而漫长，人才是关键。记住：选对了人，才能做对事，才能为企业打造美好的未来。

目录

上篇 直击招才痛点，树立全新人才观

第一章 人才要义：人才的选择决定企业的未来 / 2

人才选用，企业发展的关键 / 2

人才"干旱"，其实是企业给自己挖的坑 / 6

高端人才是企业最重要的资产 / 10

第二章 直击痛点：从痛点入手，探究招人失败的原因 / 15

招不到：人才招不到，究竟哪些环节出了问题 / 15

选不对：选错了人，金钱时间都浪费 / 21

留不住：人才留不住，招聘都白做 / 25

第三章 正视招聘：重新认识招聘，树立全新的招聘观 / 32

主动出击，像做营销一样做招聘 / 32

准确定位，不要唯学历是问 / 36

断舍离，创新招聘理念 / 40

第四章 直面问题：人才招聘失灵，老猎头也会遇到新问题 / 46

客户薪资预算 vs 求职者期望值 / 46

如果企业不愿意提高薪资预算，HR 应该怎么做呢？ / 48

求职者心态 vs 企业期望 / 49

长期因素 vs 短期影响 / 52

第五章 积极搜寻：人才是求来的，而不是等来的 / 58

招聘市场竞争激烈，合适的人才不易找 / 59

招聘高端人才，机缘稍纵即逝 / 64

真正有能力的求职者，并不缺少机会 / 67

下篇 理顺选人流程，吸纳合适人才

第六章 主动寻人：利用多种招聘渠道，找到合适人选 / 74

浏览人才网站，搜寻合适人才 / 74

让他人介绍，为你推荐人才 / 77

利用新媒体，将人才吸引过来 / 80

第七章 慧眼识人：运用工具，洞悉人才的品与能 / 86

简历识人：在字里行间，找到人才特点 / 86

视频识人：通过面对面沟通，提高对人才的认识 / 93

测评工具识人：通过综合分析，对人才做出判断 / 96

第八章 招聘面试：通过面对面沟通，实现综合价值匹配 / 102

校园招聘的流程会影响人才到场 / 102

"审核"与"吸引"求职者并重 / 106

合适的面试官才能招到合适的人才 / 109

第九章 多方考察：利用互动，重视德、才、岗 / 115

德：从"德"入手，发现面试者的价值观 / 115

才：从"才"入手，发现面试者必备的能力 / 120

岗：从"岗"入手，判断面试者的工作绩效 / 125

第十章 背景调查：了解人才过往，用人才能放心 / 130

背景调查，揭开求职者最后一层面纱 / 130

用正确的方法与证明人交流，挖出更多真实信息 / 134

不同职级、岗位的求职者，该如何做背景信息核实 / 138

第十一章 "绝对"说服：掌握技巧，说服其实很简单 / 143

采取正确的步骤和时机，才能吸引更多人才 / 143

从兴趣和梦想出发，说服求职者 / 147

HR 如何在招聘环节吸引人才 / 149

第十二章 明确录用：果断出击，将人才牢牢抓在手中 / 154

智慧选择，确定最终人选 / 154

规范通知，做有礼有度的企业 / 157

商讨双赢的工作待遇及薪酬 / 162

第十三章 强化跟踪：紧跟人才步伐，提高留任率 / 167

"空降兵"离职的多种原因 / 167

求职者拒绝 Offer 的原因及解决办法 / 171

工作跟进：扶上马，送一程 / 175

第十四章 善用人才：人尽其才，成就大事业 / 180

知人善任，用人所长 / 180

让专家做专家的事情 / 183

让不适合的人主动离开 / 185

上篇
直击招才痛点，树立全新人才观

第一章 人才要义：人才的选择决定企业的未来

人才选用，企业发展的关键

企业的"企"字，是一个"人"字下面多了一个"止"字。"止"的本义是"足"，一方面可以理解为"人在立足业务展望未来"；另一方面的意思是企业离开了人，就会停止运转、止步不前。这就告诉我们，选人用人是企业生存和发展的关键。

古代有个典故叫"国有三不祥"。

一天，齐景公到山上打猎，途中遇到了老虎；下山之后，他在小溪边又看到一条蛇在水里滑过。回到皇宫后，他立刻召见晏子。晏子到来，他讲述了路上遇到的情景，问："这是不是国家不祥的征兆？"

晏子回答说："山上就是老虎的家，水是蛇喜欢待的地方，看见它们，是很正常的。真正的'国之不祥'有三：一是国家有贤能的人，国君却看不到；

二是知道某人有能力，却不任用；三是让人做事，却不信任他。"

这个故事告诉我们，选贤任能对一个国家来说非常重要。做企业同样如此，企业运作成功的根本就在于人才的选用。

看过《天下无贼》的人，多半都对里面塑造的生动角色留下深刻印象，而亦正亦邪的"黎叔"更让我印象深刻。因为在这部电影中，他说了一句很经典的话："21世纪最缺的是什么——人才。"听到这句话，恐怕天下所有的企业家都会心有戚戚：是啊，人才。

如今，各行各业的竞争都异常激烈，最终所有复杂的表象都会归结到一个核心上，即人才竞争。只有掌握合适的、合用的人，才能赢得市场，赢得未来。

在《2018中国最具影响力的创新公司》前三名中，小米赫然在目。有些人问，小米为何会取得这样的成绩？仔细研究小米的成长史就会发现，这主要还要得益于雷军耗尽了大半精力，为公司发掘到了合适的人才。当初，雷军相中了几位求职者，为了减少他们对小米未来的担忧，他便以最大的诚意和美好愿景来打动他们，对他们晓之以理、动之以情，邀请他们加入。最终，他们被雷军百折不挠的精神打动，决定同小米一起创业奋斗。于是，就有了我们今天所看到的小米的辉煌。不仅是小米，相信大家都听过很多优秀企业家求才若渴的故事。

对于企业来说，最具价值的不是可见的资产，而是百年一遇的人才。

卡内基说过，如果将他工厂所有资金设备都拿去，但只要保留组织人员，

四年后他依然能构建起全新的钢铁帝国。可见，人才储备对企业发展起着多么关键的作用。

人才是企业前进发展的核心，但如何才能为企业招聘到最适合的人才呢？

当今时代，人力资源管理已经发生了重大变革，传统的人力资源管理观念已无法跟上时代，如果想有所成效，就要不断地向人力资本管理方面拓展，强调收益，弱化成本；需要花费大量时间和精力对人才进行发掘、考核和培养。如此，企业才能在强手如林的市场中维持强大的竞争优势。

只有人才到位，企业才能获得稳定长效的发展。管理上有一句名言："时间花在哪里，结果就表现在哪里。"管理者将大部分时间都放在自己的管理工作上，只专注于自己所做的事情，充其量只是一名业务员。人才衔接不上，即使企业暂时能获得发展，未来也必然会走向尴尬境地；只有把自己的关注点和时间都放在人才的收集和招聘上，善于选人，善于育人，才能源源不断地进行人才复制，促进企业的长远发展。

在目前的企业管理中，如果发现企业已经露出了"人才荒"的迹象，至少说明你的企业正在增长的路上驰骋。可是，企业要想保持持续增长，就需要给人才保驾护航；否则，企业的发展只能成为一场空。即使企业制订的战略规划异常优秀，市场强劲良好，产品独树一帜，掌握着先进的技术，但只要忽视了人力资源建设，也会为企业的高速增长带来潜在危险。

企业之所以要进行人才招聘，就是要为企业找到满足生产经营需要的人员。因此，要想为团队输入更多的新鲜血液，企业就要根据自己的发展目标，使用多种科学的选拔方式，为不同岗位挑选出最合适的人才，实现人、岗和组织的最佳匹配，最终实现"因事设岗，人尽其才，才尽其用"的互赢目标。

企业之间的竞争归根结底还是人才的竞争，能否发现、雇佣和留住人才是企业面临的巨大挑战，而招聘环节又在其中发挥着重要作用。有效招聘和选人是补充员工的主要渠道，是企业增加新鲜血液的重要方式之一，对企业的未来发展有着重要意义。

1. 补充人员的缺失，保证企业的正常运行

企业要想维持正常运行，离不开人才的努力，离不开团队的齐心协力。为了让优秀人才留在公司，管理者都会想很多办法，但依然有很多人员会流走。虽然说只有保持适度的流动率，才能为企业注入新的活力，但是在今天，新世纪出生的应聘者，少了生活压力，工作更加随意，稍不满意，可能就会炒了公司的"鱿鱼"：工作量太大，自己受不了，就会离职；工作量太小，企业发展慢，看不到希望，人员结构老化，也会离职……

同时，当企业发展到一定程度，跟随企业一起成长起来的员工，可能会面临退休、调动等问题；随着企业业务规模的不断扩大，企业进行内部结构调整或转业转产时，都需要新员工的加入，需要进行招聘。

通过以上分析不难看出，招聘工作确实是保证企业正常运转的重要手段。

2. 吸引优秀人才，提高企业的经营业绩

现代市场竞争日益激烈，只有将优秀人才吸引到企业，才能打造高素质的员工队伍，才能不断地提高团队的整体水平，企业才能获得发展的动力，才能在激烈的市场竞争中独占鳌头。

企业业绩的取得依赖于管理者和员工的共同努力，因此，企业要想顺利发展，要想在市场竞争中占有主动地位，就要主动吸纳人才，建立必要的人才储备库。

3. 扩大企业品牌宣传，树立企业形象

从一定意义上来说，招聘过程也是向全社会展示企业风采的过程。企业进行广告招聘或参加大型人才交流会和校园招聘时，为了吸引人才，在招聘广告中，往往都要将企业的优势和成绩介绍出来，将企业良好的形象展示出来，给应聘者留下深刻印象。这种宣传效果远比直接打广告效果要好很多，如此，只要多做几个易拉宝，就将企业宣传出去了。对这一点，企业一定要提高认知，关注招聘广告的设计，不能掉以轻心。

人才"干旱"，其实是企业给自己挖的坑

对于企业来说，"人"是最宝贵的财富，企业所有的工作都是围绕"人"进行的，因此为了实现企业目标，就要以人为本，努力实现员工的价值。

可是，俗话说得好："千军易得，一将难求。"对于管理者来说，技术和资金一般都比较容易得到，而真正能满足企业发展需要的人才却很难求取。管理者一定要练就一双火眼金睛，在茫茫人海中，找到理想的人才，为企业所用。

杰克·韦尔奇说过："我们所能做的一切，就是把赌注压在我们所挑选的

人身上。"不管企业发展到哪个阶段，只要在招聘时作出了错误的决定，即使在短时间内认识到了该错误并进行了纠正，替换掉不合适的员工，但也会给企业造成损失，比如，付出的成本将是此人年薪的1.2～1.5倍。招聘失误造成的损失，自然也就成了现代企业支付的最大成本。

对于企业来说，在招聘的黄金季节能够广纳贤才，是一件极其幸运的事情。招聘时，很多企业也按照招聘流程进行，却"颗粒无收"，原因主要在于他们已经在不知不觉中步入了自己人才招聘的"坑"。

坑1：不清楚企业究竟需要"什么样的人"

要想进行人才招聘，首先，就要作好战略分析和市场分析；其次，以此为依据，设定招聘标准。

举个例子：

有家公司根据分析结果发现，招聘标准不需要制定很高。结果，投递简历者寥寥无几。经理检查时发现，招聘的要求如下：2～3年外贸经验，英语四级，计算机二级，管理能力强，有驾照……这些内容囊括了对面试者要求的所有能力，明显是在招聘老板。

经理给人事部打了电话，人事部经理检查了问题所在，原来是负责的面试官给"一刀切"了。面试官认为，新招的员工能力越强越好，结果……面试官立刻调整了招聘要求，求职者的简历陆续飞来。

坑2：不了解具体工作流程，多轮面试不协调

发出招聘启事后，企业一般都会收到很多简历，经过筛选，找到适合的新员工。可是，入职后，有些新员工干不了几天就会离职，原因不外乎以下几个。

（1）进入公司后，发现某些信息与自己的认知不符，比如，原本认为公司如何如何好，但听到的是负面言论。

（2）入职后，收到其他企业的录用电话，其他企业更具吸引力。

（3）员工住的地方距离公司较远，无法长时间忍受。

（4）所做的工作难以胜任。

（5）人际关系很难融入。

公司急着招聘，只强调自身的要求，不关注面试者的真正想法，不问面试者一共参加了几次面试，不知道对方是否收到了其他企业的入职通知……如此，就很难真正了解面试者。因此，进行多论面试，每轮都要设定具体的谈话内容很有必要。如果内容重复或缺失，都会带来严重的后续问题。

坑3：招聘人员的沟通枯燥无味，求职者无法感觉到公司吸引力

有些企业采用电话招聘，电话数量不少，但成功率却很低，原因之一就是招聘人员语言平淡，应聘者觉得沟通索然无味。这类招聘人员通常都会询问这样几个问题：你知道我们公司的优势吗？如果求职者回答是否定的，他就会滔滔不绝地开始介绍：我们公司规模中等，待遇很好，有各种资源，有完善的培训……然后……然后……其实，这些话都是套话。优秀的面试官对于公司的

优势，往往都如数家珍，给求职者讲述的时候，既有案例，又有故事，有理有据，有血有肉，对方也愿意听。因此，在给求职者打电话前，一定要做好素材资料的整理，尤其是企业自身优势的提炼。

坑4：制定了招聘流程，却不认真执行

制定了一项措施，却没有验收，基本上等于没有实施。人员招聘同样如此。人员招聘，要按照一定的流程和机制进行。不仅要进行量化管理，还要重视结果考核，有奖有罚，才能让措施更加有效地落地。要想提高招聘效果，就要重视招聘的各个环节，战略分析—标准化—量化监控—结果考核—复盘，一步都不能少。

坑5：想让员工好好工作，却不能提供良好的待遇

很多企业在招聘时要求新员工是市场当下的人才，但提供的待遇却停留在曾经内部的标准上。将内部老员工的待遇标准当作招聘的一个前提，没有充分了解当地某职位的现在薪资水平，思维停在若干年前，却要求新人能有现在的能力。招聘，不仅要给别人提要求，更要想想自己能为人家提供什么。对新员工既然有超越原有老员工的要求，就要有相应的更高的待遇，而不是含含糊糊，模棱两可。

高端人才是企业最重要的资产

在激烈的市场竞争中，无论是刚创业的公司，还是处于发展期的企业，抑或是行业巨头，都对高端人才求贤若渴。但事实证明，高端人才不仅会对企业业务的发展造成影响，还能推动整个行业的发展。

华为董事长任正非曾说："创业是世界上竞争最激烈的游戏，就是要与精英中的精英为伴，只有最优秀的团队才能胜出。"高端人才是企业的高级管理人员、高端技术人员、王牌销售人员的统称，是企业的核心竞争力。对于一家企业来说，如果高端人才不足，其进一步发展就会受到很大的制约。

小米刚成立的时候，不仅规模小，连产品都没有，为了找到合适的人才，组建强大的团队，获得对方信任，在最开始的半年时间里，雷军每天都会拿出大部分时间去找人。很多人都觉得雷军很"笨"，但他坚持了下来，并取得了成效。

公司初创，业绩不佳，现金流不足，小米甚至还遭遇了发不出工资的困境。这时候，公司还要寻找人才，很多人都没了信心，只有雷军很自信，他说："全北京一共有1000多万人，我们只要找50个人，只要下功夫，一定能找到。"

之后，雷军向自己信得过的人请教，问："在这个岗位上，谁做得不错？"之后，便得到一份含有20个人名字的名单。接着，他就开始邀请名单上的人吃饭。一顿饭说服不了，就请两顿；两顿说服不了，就请三顿……花了三四个月的时间，最终说服了两个人。

雷军有个观点，公司要想发展，就要痛下血本，努力寻找核心人才！小米刚创办的时候，为了吸纳更多的人才加入，雷军每天都要见很多人，然后向人们介绍：自己正在做什么事、想找什么样的人……虽然失败的比例很高，但他依然坚信：只要付出，就有回报，事在人为！

为了找到出色的硬件工程师，雷军曾给一个工程师连续打了90多个电话。当时，这位工程师还没有创业的想法，还不太相信小米的模式。

雷军就开玩笑地问他："你觉得，你的钱多，还是我的钱多？"

这位工程师说："当然是你的！"

雷军说："这至少说明我比你会挣钱，不如咱俩分工，你负责产品，我负责挣钱。"

最后，这位工程师终于答应。

为了找到硬件的负责人，小米的几个合伙人和求职者谈了几个月，进展非常慢。在几个月当中，雷军见了100多位做硬件的人选，最终找到了负责硬件的联合创始人周光平。第一次见面的时候，雷军本来打算谈两个小时，结果两人一见如故，从中午12点一直谈到晚上12点。

在知识经济时代，企业已经不是以人多就能取胜的了，核心的高端人才

和普通人才的价值差距在拉大。

高端人才一般都是人才中的佼佼者，他们善管理，眼光独到，目光长远，有战略意识，能够为企业制定发展战略，能对各种资源进行有效的筹划，认同公司的文化与核心价值观，跟企业有着相同的发展愿景和目标，是提高企业竞争力的有力砝码。

比尔·盖茨曾说："把我最优秀的20名员工拿走，微软将会变成一个毫不起眼的公司。"高端人才的重要性由此可见一斑。企业的顺利运营和发展不仅需要普通员工的努力，更依赖于高端人才的运营。因为只有高端人才，才能将普通员工聚集在一起，才能将团队的力量充分发挥出来。从这个意义上来说，决定企业竞争力的元素，就是高端人才的支撑。

在团队中，高端人才是核心和舵手，决定着团队的整体素质和能力，是人才队伍发展与兴衰的决定力量。因此，高端人才的培养和造就，也就成了人才队伍建设的重点内容。

高端人才是现代企业最重要的资产，在人才队伍建设中的引领带动作用，具体表现为培植科研精神作用、把握方向作用、师承效应作用、晶核凝聚力量，具体表现在以下两个方面。

首先，高端人才能提高企业的技术含量。高级人才通常都掌握着过硬的专业技能，在工作中可以为其他员工作指导，提高团队的专业技术能力，企业的技术能力自然也水涨船高。

其次，高端人才能优化企业内部的人才结构。优秀的管理人才一般都善于识人、用人和管人，他们知人善任，懂得培养，善于提拔，还能让员工的潜力充分挖掘出来，在一定程度上优化企业的人才结构，提高企业的人才竞争优势。

在新冠肺炎疫情期间，很多企业缩减了人员编制，但专门提供高端人才的很多猎头需求还是相当大，因为有些目光长远的企业在减少普通员工招聘时仍然大力招聘高端人才，毕竟引进一位能力超群、有战略眼光的高端人才就可能在普遍不景气的情况下打开局面，或者带领企业转型成功。

选人小知识

树立正确的人才观

只有树立一套正确的人才观，才能真正体现"以人为本"的企业文化理念，而不仅仅是一种口号和形式。

首先，确立正确的选才原则。企业选择人才，要求才若渴、慧眼独具、海纳百川、敢于用人。不能任人唯亲，要大胆聘用能力比自己强的人。

其次，在管理上尊重人才。在现代管理理论中，有两个著名的理论，即经济人与社会人。经济人的假设认为，"懒"是人类的天性，人会想尽一切办法逃避工作，不愿意承担责任。坚持这种理论，企业就会采取"胡萝卜加大棒"的管理方式，强化监督，处处防范，严厉惩罚。而社会人的假设则认为，人类很勤奋，可以激励自我，懂得控制自己，想象力丰富，创造性强。坚持这种理论，企业就会给员工足够的尊严，鼓励他们自我实现，让员工承担更多的责任，将他们的潜力发挥出来。

最后，合理的人才流动政策。在企业发展过程中，通常都会遇到人才流动的问题，这是一种正常现象。但如果员工跳槽频繁，高于同行业员工流动率，就要采取一定的措施进行防范了。比如：对员工流动率进行科学评估，合理配置人才，将优秀人才放在合适的岗位上，发挥出最大效能；对于能力较差的人员，要加强引导和培养，也可以给他们重新换一个岗位。

第二章 直击痛点：从痛点入手，探究招人失败的原因

招不到：人才招不到，究竟哪些环节出了问题

目前，众多企业都面临着这样的困境：缺乏人才。招不来人才，招来了又留不住，这是众多中小民营企业都会面临的问题。而企业要想发展和扩张，最需要关注的就是人才的培养和引进。

举个例子：

A企业是一家畜牧企业，员工多达2000人、年营业额为13亿元，目前面临的困境是年龄大的员工退不下去，年轻人进不来或进来也留不住。

企业管理者经过观察和研究之后发现，造成这种局面的根本原因是企业对求职者没有足够的吸引力。一方面，地理位置偏僻，很难吸引年轻人；另一方面，没有设定合理的薪资体系，工资水平也不高。

表面上看，企业缺的是人才，其实是缺一套引进和管理人才的机制。

现实中，很多老板都频频吐槽："招人好难啊，投入很多，却招不到人。"但很少有人会思考造成这种结果的原因。是招聘人员的问题，还是平台发布的问题，抑或是薪酬设置的问题？

在职场中，公司在找优秀员工，求职者也在找发展前景不错的公司。其实，很多企业都是"佛系"招人，"姜太公钓鱼，愿者上钩"。把招聘广告往平台上一扔，就觉得万事大吉。在平台上招聘的公司多达千万家，相同的企业和岗位数不胜数，你的公司如何才能脱颖而出？

那么，为什么你的公司总是招不到人呢？原因不外乎以下几个。

1. 企业薪资偏低

企业招不到人一个原因就是，薪酬缺乏吸引力。即使企业发展不错、声誉良好，但薪酬太低，也会影响人才加入的意愿，有"奉献"精神的人才更少；相反，即使企业规模很小，但氛围不错，且薪酬独具吸引力，也能轻松招到理想的人才。相信大家都记得华为公司在发展初期还是个相对小公司时，能吸引到很多高素质的人才的原因就是薪资一直高于市场平均标准。高工资就是一种绝对的人才竞争力。

目前，很多企业都不自知，给员工定的工资很低，却觉得员工只配这样的薪酬，总妄想着用3000元的工资招到30000元的人才，一旦招不到，就埋怨招聘人员。其实，要想招到符合企业发展的人才，首先就要满足他们的薪资要求。人家本来能力很强，月薪10000元都有些低，你却只给3000元，谁会搭理你？企业要明白：给员工定的薪资太少，公司就要付出很高的人工成本。比如：员工磨洋工，工作效率低，业绩和绩效就提不上；工资太低，留不住人才，人才流失严重，企业发展就会缓慢。而给员工发高工资，就能大大降低人工成本。比如，高薪导致人员固定，企业就不必频繁招人，就少了招聘的资金和人力的支出。

那么，企业为了吸引人才，该如何为不同的岗位设定薪酬呢？可以根据具体岗位的招聘半径来设定。比如，如果某岗位的招聘半径是全省范围，就参照全省同一岗位的人才薪酬标准来确定。

企业在招聘核心职位或大规模招聘前，应该作一些薪资调研。比如，引入专业的薪资调研公司作专项调研，参考市场上的主流的薪资调研报告，从猎头或专业第三方了解对标企业的薪资标准，等等。

2. 企业影响力不够

在人才市场上，公司的知名度、美誉度和影响力如何，最终还是求职者说了算，并不是公司自我设定的。如果你的展位前空无一人，就需要想想企业在职场中的影响力了。为了提升企业的知名度和影响力，需要企业全员的努力，需要长时间的积累，并不是一日之功。

IBM公司被称为"蓝色巨人"，在世界上有着极高的知名度和人才影响力，可是它依然会面临招聘人才的压力。为了应对这个问题，他们不仅创新性地设立了"战略招聘营销经理"岗位，还专门把公司品牌作为营销对象，到著名高校曝光，去行业峰会扩大宣传。

大牌公司都要这样做，更何况是中小企业？既然无法在短时间内打造知名度，在招聘新员工的时候，就要多投放一些广告，多找些招聘平台，提高企业的曝光度，争取在短时间内提高公司的影响力。当然，选择的平台也不是越多越大越好。作为负责招聘的HR人员，还要认真研究一下各岗位的招聘半径以及各招聘平台的优劣势，选取最适合目标岗位的平台投放广告。

3. 企业缺少梦想

如今，人们的生活水平已经大大提高，"90后"求职者已经不用为了解决自己的生活问题而工作，往往更在意职业的发展空间。他们心中怀有梦想，敢想敢干，更在乎公司的发展前景和梦想。

为了应对求职者的这一需求，招聘中就可以给求职者画一张大饼。当然，所谓"画饼"并不是假大空一味忽悠，而是要在招聘广告和面试的互动过程中，用简洁的数据、有力的事实、丰富的信息、强有力的逻辑分析能力，让求职者相信：进入你们公司是他们的理想选择。在日益激烈的人才抢夺战中，过度谦虚、过分低调，公司很可能就招不到足够的人才。因为不管企业的理想多么远大，都要依靠人才来实现。

4. 招聘条件太苛刻

现实中，很多企业对人才招聘有着不切实际的幻想，为了让人们觉得自己公司不错，或者为了招到高水平的人才，就设置了苛刻的人才甄选条件。比如：外贸业务员，要为人亲和、工作认真、勤奋肯干、坚持执着，要具备团队精神、善于学习和分析、工作细心等，但现实中这样的人如凤毛麟角。有些企业提的条件甚至还自相矛盾，比如：要求人才既灵活开朗又要有原则性，既要懂得开拓创新又要稳重务实。其实，在现实中，很多求职者的自身条件确实不高，简历甚至拿不出手，但是，他们身上的一两个特征或能力，就能够支撑起业绩的长期发展。

5.没掌握真正的"识才"方法

有些企业 HR 根本就不专业，人才招聘只是凭感觉，或者直接参照统一的"社会标准"来招人。即使招来几个新人，也是他们运气好。这样的招聘缺少技术含量、缺乏科学的标准，如果招来 10 个新人，可能只有 1 个人能让企业满意，3 个人是来搞破坏的，2 个人是有待观察的，还有 4 个是鸡肋——"食之无味，弃之可惜"。整个招聘过程都是 HR 的个人感觉，少了技术含量，不靠谱！

6.员工很难平衡生活与工作

如今，很多工作都需要加班，不加班的工作越来越少，但新生代员工更在意工作与生活的平衡，很少有人愿意为工作去加班加点。加班并不是一种好现象，很可能成为人才拒绝你们公司的理由。原本一周休息两天，非得让员工周末加班，或者让员工上五天半，只能让企业沦为求职者眼中的"鸡肋"。

7.要求和报酬不对等

在招聘启事中，有些企业不会提及薪资水平；有些公司甚至认为，在面试之前求职者就"暴露"了自己的预期薪水，一定不会求职成功。虽然企业都不想因薪水问题在办公室内部引发内斗，但薪资水平也应该是透明的。求职者看到对应岗位的薪资范围，不仅极有可能前来申请工作，还会觉得你们企业很

坦诚，不藏私。

8. 缺少完善的"人才备用库"

现实中，多数企业HR部门都没有建立"人才备用库"，等到缺少人才的时候，随便在网络上发个帖子，胡乱招来人员即可。但经验告诉我们，只有建立这样的人才库，在公司职位出现空缺时，才能跟人才取得联系，才能将空缺补上，不会影响工作。尤其是流动性高的职位出现空缺，还会影响团队的效率和斗志，继而导致工作效率低下。为了防范这个问题的出现，企业就要提前作好准备，提前进行预警。

知道了原因，就能够采取相应的办法解决问题了。在现实中，企业为了安全可以从以下两方面入手。

1. 树立好的企业文化理念

好的企业文化理念决定着企业能走多远、走多久，以及跟谁在一起。原因在于，优秀吸引优秀，好的企业文化理念可以帮企业吸引一批欣赏和认同企业文化与价值观、与企业志同道合的人才，而这样的人才往往也是最忠诚的。在企业发展的过程中，无论遇到多大的困难、障碍或诱惑，他们都会坚守事业和初心。

2. 努力帮助员工实现自我价值

自我价值实现体现在两个方面：一是高于市场的收入水平，高收入不仅是物质激励，也是一种价值体现；二是工作本身带给人才的成就感和认同感。

在现实的企业管理中,企业只要双管齐下——拥有好的企业文化,让员工在岗位上实现自我价值,就能让人们心生向往。因此,要想击破"招不到"这个痛点,吸引德才兼备的求职者,企业就要塑造"三高"文化,即"高绩效、高激励、高价值",不断提高自己的吸引力。

选不对:选错了人,金钱时间都浪费

招聘到合适的人才,工作效率就会提高,业绩就会增加;反之,选错了人,表面上看起来只能浪费一点工资,其实会对企业造成巨大的伤害,尤其是战略性的关键岗位,更会破坏团队文化,让士气涣散,贻误了最佳的工作时机,阻碍团队的工作进程。

有这样一个案例:

老李在A公司负责"战略核心人才引进",最近负责招聘一位项目总监,负责公司某板块新兴业务。该招聘要求极高,考虑学历、专业、工作背景、政府关系、个人形象等,老李带着团队足足招了三个多月,给大领导看了30多个人,才终于选中并招来了一位。老李心里一块大石头总算落了地,季度工作汇报也有亮点,可以好好突出一下。

可是,一个月后,他却愁眉苦脸。因为,好不容易招到的那位,突然甩手走人了,对方给出的离职原因是:不符合职业发展规划。大领导虽然没说什

么，但是老李却感到很郁闷，工作内容讲得很清楚，怎么面试时符合职业发展规划，入职之后就不符合了呢？最可气的是，这位项目总监走了之后，有两位技术骨干也先后提出了离职，不知道是不是巧合。

选错了人，不仅没有留住新员工，还走了两位老员工。这是一次比较失败的招聘。

人选错了，一着不慎，满盘皆输。何况选错人的概率又何止万一？

B企业是新型服装企业，拥有员工50名，年营业额超过2000万元。在招聘的过程中，企业遇到的最大问题就是收到的简历较少，简历数量和质量无法满足用人需求。企业自身定位新零售行业，希望招到年轻人，但收到的简历基本以年龄偏大的传统服装业人才为主，而且简历的真实度也不好判断。有时在面试时发现求职者的实际情况与简历不符，有时在进入试工期后才发现招到的人不符合要求。

在现实的企业管理中，像该服装企业的情况绝不是个案。之所以出现这种情况，根本原因就在于，人才标准和人才识别上。

任正非曾说过一句话："当你用一个人的时候，先别管这个人强不强，他的能力是否与你想让他做的事情匹配不匹配。"选错了人，不仅会支付一定的薪资、保险、公积金、福利、培训等直接成本，还会损失更加惊人的间接成本和机会成本。

企业为何会选错人呢？原因不外乎如下几个。

1. 企业顶层设计不清晰

所谓顶层设计不清晰，是指企业的使命、愿景、战略等不清晰。

企业的价值观来源于企业的使命、愿景和战略，使命、愿景、战略等不清晰，企业价值观也就不会太清晰。同时，企业的价值观还代表着员工应该具备的德行。价值观不清晰，应聘者的德行就不清晰，这样的话，企业只能选错人。

比如，A企业虽然很想发展新兴业务，但对新兴业务在公司整体战略中的定位比较模糊，对新业务支持不够。让刚入职的内行人才在实际工作过程中失去信心。

企业不知道自己究竟需要哪些"德"，最终结果便是企业始终找不到"对"的人。以此类推，企业的使命和愿景等不清晰，结果也一样。

总之，在招选"将才"的过程中，企业必须关注顶层设计，做到聚焦、清晰和专注。

2. 企业对职位描述不清晰

比如B服装企业，虽然处于传统行业，但通过现在的电商渠道销售，属于模式新兴的发展型企业，但对所招聘岗位的描述不清，HR能力也较弱，从网上下载了通用的招聘描述，没有太多自身的特点和卖点，自然对目标对象的吸引力不够。

3. 管理者不重视或不参与招聘

企业之所以会选错人，首要原因就是，企业以业务为导向，管理者不重视人才招聘，更不会参与招聘过程。这一点，在成长型中小企业中表现尤为明显。

首先，企业一把手不重视。企业一把手只关心市场、渠道、客户……忽略了关键人才。

其次，用人部门主管不参与。用人部门主管认为跟人有关的事情，比如招聘、培训、绩效考核，都是人力资源部门的事情，跟自己没关系。

4. 求职者包装简历

查看应聘者简历时，你是否也遇到过类似的情形：明明觉得对方不错，个人学识、工作资历、工作能力、价值观等都符合企业的要求，等这个人真正入职后，却发现根本就跟你想象的不一样，要么能力跟不上，要么价值观跟企业的价值观有冲突……

据专业调查机构的数据，网络简历不同程度造假的有三成以上。教育信息造假和就业信息造假是重灾区：就业信息造假的占到了73%，教育信息造假的占到了21%，至于工作业绩、工作内容夸大更是普遍存在的现象。

5. 缺乏严格的人才选拔标准

正如"世界上没有两片相同的树叶"，世界上也永远没有两个完全相同的人。人与人之间存在着巨大差别，比如，思维模式不同、认知水平不同，甚至是判断力、决策力、学习力等也有差别。如果企业 HR 没有制定严格的人才选拔标准，是很难招到与岗位匹配、与企业气场相符的人才的。

6. 只选用能力不如自己的人

在现实的企业管理中，有些管理者不愿意让下属超过自己，害怕下属的能力比自己强，担心他们功高盖主，威胁到自己的饭碗，因此总会选用和自己想法相近却比自己弱的人。结果导致新进人员的能力一个不如一个，同质化严重，真正有能力的人根本就进不来。

要想避免这种浪费，进行人才招聘时，就要建立清晰的人才标准和慎选流程，提炼出一套高效、精准的人才识别方法。具体来说，可以构建人才胜任力模型。此外，在面试的过程中，面试官要做到"望闻问切"和"明察暗访"，不仅要熟练掌握面试技巧，还可以运用各种测评工具辅助，对人才作出准确评估。

留不住：人才留不住，招聘都白做

前几天，在朋友圈里看到一则吐槽：

为了培养新员工，公司花费了大力气，结果没干几个月就都走了，留下一堆烂摊子。这些人给出的离职理由也是五花八门，有觉得自己不适合的，有觉得工资低的，有说距离太远的……现在员工太没有责任心，"90后"员工太浮躁了。

对于大公司来说，合理的人才流动很正常，因为组织体系完善，即使有个别人离开，也能立刻找到替补的。但人才流动过于频繁对任何公司都是极大的考验，尤其对于小公司来说，员工频繁的离职简直就是一场灾难，因为组织体系还不完善，尤其对一些知识类的工作，人才往往掌握着关键资源，"牵一发而动全身"。一句话，人才留不住，不仅招聘白做，还会对企业造成负面影响。

这里有一则"鞭打快牛"的寓言故事：

一位农夫养着一头水牛和一头黄牛。农忙的时候，农夫就会拉着两头牛到田里耕地。

这天，农夫像往常一样先给黄牛套上犁枷，但任凭他怎么吆喝，黄牛就是不走，折腾了半天，也没犁了多少田。

农夫将犁枷取下来，套到水牛身上，没等他吆喝，水牛就主动拉着犁往前走，但农夫依然用力鞭打水牛。

水牛感到很郁闷，自己在干活，主人为何还会鞭打自己？于是，停下来问："主人，我已经在用力拉犁耕田了，你怎么还打我？"

农夫看了它一眼，说："黄牛不愿意拉，只有你拉。我不在后面鞭打你，你如何能跑得更快些？这么多田地，何时才能犁完？少废话，快走！"说完，又甩出一鞭。

水牛挨了好几鞭子，觉得很委屈：自己跑得越快，犁的田越多，被鞭打的机会就越多，而黄牛却在旁边优哉游哉地吃草，真不公平。于是，趁农夫不注意，水牛挣脱犁枷，跑掉了。

其实，关于"鞭打快牛"这类事情，很多公司都在上演。

有些员工本来工作很努力，效率也很高，得到的却是更多的工作安排；而那些动手能力慢的人，工作效率不高，上级也不会给他安排太多的工作。

有些员工善于克服困难，领导会接连不断地将难题塞给他，他需要应对的困难越来越多；不善于应对问题的人，领导则会给他们安排一些简单的工作，很容易就能完成。

有些员工工作业绩突出，领导就会给他制定更高的业绩目标，让他去实现；业绩目标很低的人，领导也不会给他们提出太高的要求，只要完成任务，就能得到不菲的回报……

结果，这种情况多了，日积月累，"快牛"就会少了心力和动力，渐渐变成"慢牛"，或者干脆愤然离去；有的"快牛"心中集聚了太多的负面情绪，就会在团队中发泄，让团队成员离心离德，破坏掉团队的向心力。

总的来说，导致企业员工流失的主要原因有三个：企业自身的原因、员工自身的原因和外部环境的影响。

1. 企业自身的原因

有位著名企业家说过，企业之所以留不住人，主要的原因就在于，钱没给够或是让员工的心受到了委屈。确实有一定道理。

（1）薪酬问题。如今，生活成本不断提高，比如购房成本、育儿成本、赡养老人的成本，哪一项都不是小数目。尤其是高昂的房价，让年轻人更是不堪重负，为了买到心仪的房子，为了给父母减轻压力，年轻人通常都想多挣一些，因此在求职的时候也就越来越看重企业的薪酬水平。薪酬水平是影响员工是否愿意来你们公司应聘的最直接、最重要的因素，企业老板必须正视这一点，可以向华为学习，为员工提供极具竞争力的薪酬，同时采用一定的非物资激励手段。

（2）没给员工好的体验。员工在企业工作，却没有享受到好的工作体验，比如：

分配机制不公平，员工感到心理不平衡；

缺乏公平的用人机制，员工觉得自己大材小用；

企业提供的事业平台太小，员工无法施展才华，觉得自己是英雄无用武之地；

企业管理混乱，没有营造良好的工作氛围，员工的工作得不到领导的认同；

员工不认同公司的管理方式和企业文化；

办公室内人际关系复杂，员工感到身心俱疲；

跟直接上司合不来；

……

企业导致员工离职的原因很多，必须对具体原因进行深入分析，然后再针对性地加以改善。

要想留住人才，就要做到"四个留人"，即待遇留人、事业留人、感情留人和文化留人。

2. 员工自身的原因

员工离职率高，除了企业方面的因素，员工自身也是重要原因。

（1）对团队缺少归属感。随着社会的发展，员工生存和发展的机会变得日益多元化，对企业的依存感与归属感普遍降低，干不了多久，就想离职和跳槽，即使是在北上广深等大城市，在同一家企业工作太久，人们也会觉得自己没本事。

（2）心气很高，受不得委屈。在工作中，同事之间并不会互相迁就。如果某个员工工作不到位，或没有在规定的时间内完成任务，被领导批评，他们就会觉得内心很受伤，甩手离职，根本就不管自己原本的工作如何。

（3）心浮气躁且急功近利。很多工作需要积累，初级工作往往比较枯燥，但有些员工急于成功，一旦觉得付出大于回报，在一家公司做一段时间不如意或没达到心理的预期，为了找到快速成功的"理想的平台"，就会选择跳槽。

3. 外部环境的影响

如今，各行各业对人才的抢夺进入白热化。除了应聘毕业生，只要有些工作能力和经验的人，只要不是特别挑剔，都能较容易地找到工作，这就为员工的频繁跳槽提供了极大便利。这种情况看似极大地提高了员工流动率，却苦了很多的中小企业，变成了人才的"黄埔军校"，刚将人才培养好，就跳槽了。

为了应对这种局面，可以从以下几个方面着手。

1. 把好招聘的入门关

企业在招人的时候，要充分考虑到员工的稳定性问题，比如，对于新生代员工，招聘时要特别关注这些内容：最喜欢什么工作环境？最喜欢什么工作内容？有没有制定3~5年后的职业发展目标？求职时，最在意企业的哪些方面？最不喜欢的管理风格是什么？最不喜欢哪种上司？……因为这些因素都会影响员工的稳定性。

2. 提高员工离职的成本

为了不让员工把企业当"菜市场"，想来就来想走就走，企业要设置一定的离职门槛，一旦员工发现离职付出的代价太大，就不会主动离职了。比如：对于重要岗位，可以在劳动合同中加入竞业禁止的条款；建立培训赔偿机制，让员工为接受过的培训买单；对于工作短期就离职的员工，办理社保账户转移时，可以收取一定的费用，还可以提前约定办理的具体时间。

3. 采用一定的激励手段

为了留住人才，可以使用长期激励的手段，比如股份、期权等。要建立这样一种理念："我们不是来招聘员工，而是招聘事业的合伙人。"只要在企业内部真正实施了股权或期权激励，就能有效地发挥留用人才的效果。

选人小知识

不同阶段招聘不同的人

企业处于不同的发展时期，需要不同的员工。

（1）创业初期。团队初创，各种条件都不够完善，首要目标是生存，其次才是发展。这时候，多数员工都是刚刚招聘来的新员工，对企业缺乏认知，归属感也不强，心态浮躁，不稳定。而要想保证公司的顺利运营，就要招聘一些心态好、工作积极、能踏实工作的员工。

（2）成长期。企业处于成长期，团队已经具备一定实力，有了一定的知名度，员工也会站稳脚跟，陪同企业一起发展。这时候，就要选拔、任用和培养潜质较好的年轻人，打造一定的人才梯队；同时，将不合格的员工淘汰掉。

（3）成熟期。发展到这个阶段，企业已经构建了稳固的事业基础，人才队伍也已经基本成型，优秀人才会慕名而来，希望加入团队。此时，要不断优化人才体制，建设一支强有力的人才队伍，建造合适的人才梯队，提高团队的战斗力。尤其需要注意的是，在这个阶段，团队很容易发生内耗，一定要引入新鲜血液。

（4）衰退期。在团队的特殊时期，需要齐心协力共同打拼的人，这个时期的员工，只要能够坚持下来，把握机会，就是优秀的。

第三章 正视招聘：重新认识招聘，树立全新的招聘观

主动出击，像做营销一样做招聘

招聘对于企业来说，无论在哪个阶段，都是一个"持久战"，不能盲目追求招聘的数量，而要更加侧重于人才的寻找。初创型企业搜索人才的正确姿势是：主动出击，像作营销一样去做招聘。

在澳大利亚东岸有一个珊瑚礁群叫大堡礁，这也是世界上最大、最长的珊瑚礁群，受澳大利亚昆士兰旅游局管辖。

2009年1月的一天，旅游局决定在全球招聘一名员工，负责大堡礁的看护，宣称："这个岗位是世界上最好的工作。"这份世界上最好的工作，工作内容大概是喂鱼、清理游泳池、拍照片、发布视频、接受媒体的采访等，基本上就是玩半年，只工作6个月。工作如此轻松，待遇怎么样？机票、住宿、保险、电脑、相机和录像设备等相关的费用，都由昆士兰旅游局提供；6个月能够得到15万澳元的报酬，相当于70多万元人民币。

为了招到合适的人才，昆士兰旅游局还专门做了一个网站，让求职者用视频的方式提交报名申请。为了方便世界不同国家的人进行访问和申请，网站还设置了多个国家语言的版本。结果，仅用了短短几天时间，网站就因为访问量太大，服务器瘫痪掉了，官方只好又紧急加了更多的服务器。最终，一共吸引了全球200多个国家的人才来应聘。旅游局一共收到3万多份个人简历，其中包括500份来自中国的简历。

为了更好地以视频的方式介绍自己，很多人为了获胜，想办法拍摄自己的报名视频，甚至将自己的申请视频放到全球最大的视频网站YouTube上；有些人分享到了社交媒体上，很快就被更多人关注、转发、评论。其实，每个视频都是在给澳大利亚大堡礁做广告。

为了吸引更多人的关注，主办方还设计了一个网络投票环节，让选手不断拉票和推广；为了保证投票的有效性，主办方让投票者输入自己的邮箱地址；然后，查收一封来自昆士兰旅游局的确认邮件，确认后再行使投票权……一系列的流程走下来，所有参与活动的人已经将"大堡礁"三个字深深地印在了脑子里。

后来据昆士兰旅游局称：整个活动的公关价值超过7000万美元，吸引了无数人来到大堡礁旅游，支撑起了大堡礁旅游产业每年几十亿美元的收入。

在这个案例中，整个招聘过程中要求求职者用视频的方式介绍，还涉及拉票竞争的环节，都是非常巧妙的传播机制，这些机制一旦产生裂变，就能让

营销效果快速放大。

事实上，不仅仅顾客需要营销，人才招聘也需要营销。那么，怎样把营销思维运用到招聘工作中呢？

1. 企业要树立良好的公众形象

企业根据内在和外在的表现分为外在形象和内在形象。外在形象是由企业的建筑规模、装修风格、硬件设施、宣传广告等构成；内在形象由企业价值观、企业精神、企业风气等抽象事物构成，是企业形象的核心。

企业外在形象，只要有钱，就可以做到；但是企业的内在形象，却不是三言两语、轻描淡写就可以做到的。尤其是在市场经济游戏规则还不太健全的情况下，当企业违法经营、违规操作、触犯劳动法屡禁不止时，不仅会给顾客造成难以忘怀的外在形象，也会给员工留下刻骨铭心的伤痛。这两种行为，不仅会影响到客源，更会间接地影响招聘。良好的企业形象不仅是一种无形资产，更是一种巨大的财富；不仅能赋予产品更高的价值，还能带给顾客更多的精神和心理的满足，给百姓带来更多的安全感和信任感。

2. 打造好的口碑

企业有了好的口碑，才能财源广阔、人才辈出；招聘时，才能免去煞费苦心的广告宣传，甚至根本不用宣传，因为公众早已认识你、了解你，并信任了你。

信任是合作的前提和基础，企业与求职者之间有了信任感，人员的招聘工作就能顺理成章、水到渠成。企业与求职者之间缺少信任，即使将广告打得天花乱坠，演讲气壮山河，也无法取得理想的效果。

记住，企业口碑的好坏直接关系到招聘的成功与否。

3. 建立完善的招聘体系

面试前的电话预约、电话礼仪、谈话内容等都能直接反映企业的运营水准。专业的电话礼仪和行业术语，既能给求职者留下第一印象，又会决定求职者是否去面试。如果招聘人员不专业，在电话预约阶段，就会有很多人放弃。

专业化的招聘体系既是引进人才的重要途径，又是保证招聘过程公平公正的重要条件。面试流程和标准以及测评中的内容过于情绪化，只会加大求职者的风险意识和心理压力。如果求职者心理素质过硬，或许还敢试一试；心理素质差些的人，就会因你的不专业而直接拒绝。

4. 让老员工为企业做广告

一家企业能否留得住人，从追随者的数量可见一斑。一家企业运营了10～20年，连3年以上的老员工都没有，能证明什么？如果企业真像你宣传的那么好，为什么没有老员工？如果连3年以上的老员工都没有，还如何吸引新员工？与企业一起成长的老员工，站在招聘现场用自己的成长经历来回答求职者的问题，用自己的现实生活来解决求职者的各种疑问，就是最有效的广告。当求职者从老员工身上看到未来和希望时，也会坚定信心。

5. 塑造招聘岗位的价值

招聘时，很多面试官都会忽视招聘岗位的价值和意义，只告诉求职者工

作时间、工作内容和工资标准。一个岗位的作用大小，直接关系到求职者对该岗位的态度和看法。如果是一个至关重要的岗位，求职者就会感到无比的荣耀和羡慕；如果是一个默默无闻的岗位，求职者就会感到自卑和沮丧。

6. 建立求职者信赖的宣传资料

如果企业没有名气，在没有形成自己的形象和口碑之前，就要客观、全面、实事求是地做好企业简介。内容翔实的企业简介，是求职者了解用人单位最基本的资料和工具。简介上，不仅要撰写企业的发展史、发展目标，更要有企业的使命和愿景。

7. 做好职业生涯规划

如果某个行业扑朔迷离，某个岗位没有发展空间，对于有上进心和事业心的求职者来说，多半都会放弃这种工作机会。因此，在招聘时，一定要设计好员工职业生涯通道，让求职者在面试时一眼就能看到自己在企业中的位置和未来的自己。

准确定位，不要唯学历是问

无论在哪个招聘网站，求职者都是通过搜索关键词来找工作的。所以，为了让求职者更快地找到企业，就要为职位设置一些可描述的、具体的、清楚的关键词。比如，在招聘"社会化营销专家"，就可以设置"社会化""营销"

等关键词，将其链接到公司的招聘主页上。在职位描述里，要写明具体的工作范围、薪水、福利、所需技能等。

对于小企业来说，一旦进入快速成长期，企业就会发生多种变化，职位角色也会快速发展；同时，员工也会面对较大的职位压力，在开始时可能还要身兼数职。这时候，人事、HR要尽可能地与求职者的信息保持一致，坦白地告诉他们公司面临的挑战和求职者面临的潜在障碍。所以，在签订雇佣协议之前，要清楚地了解：企业究竟要招聘什么职位，企业需要什么样的人，企业的战略目标如何？

前段时间，网络上的一则聊天记录不知扎了多少人的心。

"你们这个学校是三本吗？"

"是。"

"对不起，我们只要二本以上统招的，考不上本科的，都是智商有问题的。"

虽然这件事情最终以涉事公司道歉而了结，却让很多人焦虑起来。

近年来，类似的新闻颇有愈演愈烈的趋势。

"招聘保安，要求本科学历。"

"招聘前台，至少专科。"

"招聘会计师，985院校毕业。"

"湖南定向选调，第一批只要清北。"

……………

很多人认为，学历并不能代表一切，能力才是第一位的。不可否认，这句话确实有一定的道理，而且实践也证明如此。但在没有实际工作经验的前提下，判断标准只能是比较"单一"——学历。

学历虽然不能代表全部能力，却能代表一个人是否努力。在学生时代，个人足够努力，凭借顽强的毅力，取得骄傲的成绩；或天资聪颖，学得快，学得好，本身就是能力的最好例证。而动辄嚷嚷着"唯能力论"的人，多数都没有抢眼的毕业学校和学历，喜欢拿"所谓能力"当"挡箭牌"，自顾自地认为学历不过是一张纸，既无法兑现，也无法带来任何益处。

应当承认，学历筛选确实能提高用人单位的选人效率。面对众多求职者，用学历筛人，可以帮助用人单位以较高的效率筛选出可能更有能力、更努力的人。同样，人才资源并不仅指求职者个人，还指他在高校可能拥有的人际资源，即优渥的高学历人脉，这也是用人单位能在求职者身上挖掘的人际潜能。因此，学历歧视确实有其存在的道理。

通过以上分析不难看出，学历可以是招聘的标准，但不能作为招聘的唯一标准。

当年美菱集团转为生产冰箱的时候，设计人才严重缺乏。在公司领导正在为人才的选拔一筹莫展的时候，员工范贤龙带着自己画的图纸，闯进了张巨声的办公室："厂长,我会画图,会设计。你看,这是我画的!"

张巨声看了他的画,很兴奋,当场表态支持:"你能做设计,我当然支持你。现在,我就交给你3套模具设计任务,给你9天时间。"

范贤龙接受了张巨声的安排,认真设计,到第8天上午10点,就完成了全套设计。他将图纸交给集团总工程师审定,结果一次性全部通过。

张巨声立刻将人事部门的领导找来,要求将范贤龙从工人岗位提升为技术员。

范贤龙原是68届的初中生,在张巨声的支持和鼓励下,不仅上了夜大,还获得了公派出国的机会。

张巨声有意识地培养他,给他下任务、压担子,范贤龙给出了这样的答复:"厂长,既然你让我干,干了我就不会退下来。"

有一次,厂子从意大利梅洛尼公司引进一条全自动冰箱生产线,范贤龙毛遂自荐,主动承担起组装任务,包括对老生产线的规划和改造。张巨声答应了。

范贤龙充分挖掘自己的设计潜能,虽然地下涵道、供水管道、微机电缆、地沟和排气管等杂乱无章,他却出色地完成了任务。即使是地面的部分,他也给予了巧妙的设计和安排。后来,范贤龙又被多次提拔重用,被评为工程师、科研所副所长。

其实,在美菱集团,经张巨声提拔起来的领导骨干有很多。张巨声不会对员工进行论资排辈,只要是人才,只要员工有能力,能真正为厂里办实事,他就给他们创造机会,然后进行提拔。正因为他的这一举动,美菱集团积聚了一大批贤才良将。

学历，只是对求职者的才学程度和能力大小做出预测的根据之一，只代表了他可能达到的某种知识程度，或者他可能为企业提供的劳动质量和数量，并不能代表他真正的知识水平和实际能力，因此，学历高不一定等于能力强。

同样，学历不高也不代表能力差。现实中，很多才华横溢、能力卓绝的人才，学历都不太高，有的甚至只有一张高中毕业证或大专毕业证。因此，如果企业不从人才的实际能力出发，而是对学历的要求过于苛刻，甚至唯学历取人，是很难选拔出优秀人才的。

在选拔人才时，企业应该从多维度，对求职者进行考察，不能仅限于一项"指标"，既要重视人才的文化程度，更要看他们有没有履行岗位职责的能力，争取招聘一些学历高、有智慧、能力强的人。

求职者的能力如何，学历并不是衡量的唯一标准。HR在选人用人时，绝不能被学历蒙住了眼，应该把实践能力强、工作能力强的求职者放在最重要的位置上。

断舍离，创新招聘理念

传统的面试方式，曾经受到各企业HR的广泛使用，确实也为企业招募到了合适的人才，但不代表现在同样适用。

在现代企业中，很多HR也感受到传统招聘方法的劣势，为了找到可以替代的招聘方式，想尽了办法。其实，只要挣脱传统面试的束缚，就能发现更轻松、更有效的人才招聘方式。

对于HR来说，以下四点过时的招聘观念，一定要舍弃。

1. 忽视人才的多样性

招聘的时候，很多HR都异常看重"文化契合"这个点，妄想招到认同公司价值观，甚至认同自己价值观的人才。可是，在现代的招聘过程中，如果依然抱有这种思想，就非常危险了。

用这种观念招来的人，员工就像是一个模子刻出来的，毫无个性。团队中的所有成员都来自同一个地方，毕业于同一所学校，或有着相似的教育背景，看似和谐，工作起来却会思路单一，缺少活力。

要想提高招聘效果，HR就要转变思路，忽略求职者与公司文化的契合程度，重点看看他们能否提出新的想法、是否有创意、能否为公司带来创新和变革。HR要用包容的心态，接纳不同的、更有潜力的员工进入公司。

2. 企业只喜欢喊口号

如今，"90后"求职大军来势汹汹，他们必将成为公司的中坚力量。所以，HR就要想办法戳中"90后"求职者的痛点，把他们招进公司。

过去，为了将人才笼络住，很多企业都喜欢提"目标导向"，喜欢喊口号，喜欢用梦想鸡汤温暖员工，美其名曰"讲情怀"。可是，时代在变，"90后"的求职者可不吃这一套。生长在经济迅速发展、文化价值多元的时代，年轻人往往更关注公司文化和价值观，以及公司能给他提供怎样的福利和待遇。

因此，为了吸引更多的年轻人投递简历，就要打造好的企业文化，为求职者提供满意的薪资待遇。

3. 过于严肃、呆板

为了提高招聘效率，就要塑造良好的企业形象。但是，企业形象如果井然有序、完美无瑕，也会让求职者觉得不真实、缺少人情味。看看下面这条招聘信息：

××公司正在招募硅谷工程师，请加入我们的团队。

这则招聘启事简单凝练，惜字如金，用词规整，可能公司原本想表现得既专业又高冷，却缺少了个性和人情味。求职者会觉得公司居高临下，态度倨傲，太过冰冷，只会躲得远远的。

幸运的是，公司 HR 很快就意识到了自己的问题，改变了策略，即让自己的员工在社交平台上发布信息，宣传企业品牌。员工踊跃参与，设计的文案颇接地气，上传的图片生动可爱，公司形象立刻就变得真实有趣、平易近人。经过 6 个月时间的努力后，公司的推特粉丝增加了 400%。

可见，企业形象的塑造需要全体员工共同努力；而手握大权的 HR，需要给员工以信任。

4. 看重求职者的介绍信

求职者一般都想把自己最好的一面展现给面试官，同时将自己不好的一面弱化甚至隐藏，因此，他们的介绍信也会让介绍人将自己夸得天花乱坠。其实，在面试过程中介绍信根本就发挥不了多大作用，面试官也不会凭这个作决定。因此，对于 HR 来说，与其将时间浪费在查看一堆堆介绍信上，还不如作点背景调查，或与求职者进行更多面对面的交流。

在网络时代，社交平台玩得很溜的年轻员工，都知道如何向同龄人宣传公司形象。HR 要弱化传统面试，尝试改变，减掉程式化的部分，加入更多灵活高效的因子。

1. 电视招聘

电视招聘是一种新兴的招聘方式，比如"非你莫属""职来职往"等节目。作为企业通过电视招聘既可以扩大公司知名度，又可能招到心仪的求职者，一举两得。

在这些选秀场上，企业能清楚地了解到求职者是谁、前来的目的、能做什么等情况。不仅可以通过问答，还可以通过视频展示、图片展示等全方位地了解求职者的情况。

招聘节目就像一个"赛马场"，既能展示求职者的水平，也能展示企业的素质。如果企业确实有这方面的预算和想法，完全可以试一下。

2. 专业年会

年会不仅是公司做总结和奖励的机会，更是公司扩大影响力、进行招聘

的大好时机。

举个例子：

2020年，某公司说该公司年会将在上海总公司举办，公司合伙人及投资总监将参会，顺便招招人。

按照要求，工作人员将公司介绍发给了上海办公室的投资总监。没想到几天之后，在公司的大群里出现了两张照片，工作人员的邮箱里也收到一封邮件，工作人员异常感动。

原来，上海办公室的人员在年会现场布置了展位，制作了易拉宝，还将在现场和通过邮箱收集的一百多份简历分门别类地整理成三个压缩文件夹，简历里不乏名牌大学毕业的求职者简历。

在这个年会上，不仅会聚集顶级的大咖分享心得，还会聚集很多行业内的人才，极具影响力和震撼力。

3.H5（高级网页技术）招聘

遇到特别着急的职位，完全可以请公司的设计部门将招聘工具发到朋友圈，并请公司所有员工发到自己的朋友圈。微信时代，这确实是一种拓展招聘渠道的手段。

不过，H5招聘只能是权宜之计，在招比较急的岗位的时候，可将其作为招聘渠道的一种拓展。

4. 新媒体招聘

运用抖音等新媒体精准投放活泼、定制化内容的招聘视频,已经成为很多新兴公司招聘新兴人群的有效渠道。

三 选人小知识

你究竟要什么样的人

要想为公司或部门招到合适的员工,在面试之前,就要确定好此人应该是什么样的,比如:他是否具有团队或公司所希望的价值观,他对自己将要做的工作是否充满热情,他是否有能力做好即将交付他的工作,等等。

如果求职者不具备你所期望的价值观,无论他表现得多有才华和多么热情,都不要聘用。让这类人加入团队后,一开始他可能会发挥一定的效力,但时间长了,则会引发一系列恶劣的连锁反应。

如果求职者对工作没有热情,以后也很难培养出来。求职者对将要做的工作没有热情,就不可能做出出色的成绩,就永远得不到晋升。

求职者是否具备与岗位匹配的工作能力,或能否挖掘出相应的能力,也非常重要。求职者对工作不胜任,不仅自己会受挫,还会影响到其他团队成员的工作效率和情绪。

最后,在薪金上达成一致意见。

在直接招聘员工时,人事主管或老板应该亲自执行这一流程。

第四章 直面问题：人才招聘失灵，老猎头也会遇到新问题

客户薪资预算 vs 求职者期望值

人才招聘之所以会失灵，其中一个原因就是企业客户的薪资预算与求职者的期望值发生矛盾。

先来看看下面的这段对话：

部门经理：这个职位的薪水 open，人合适最重要，你那儿有人没？有的话，就赶快送进来。

面试官：我手头倒真有一个非常适合招聘岗位的人，年薪 60 万元。你们会考虑吗？

部门经理：如果人确实不错，可以给我看看。

面试官：我还有个人，感觉很匹配你们的要求，但薪资要求高一些，对方期望年薪 80 万元。

部门经理：80万元太多了，先放一放吧。

所谓薪酬预算，就是在薪酬管理过程中，HR对薪酬成本、开支等的权衡和取舍。只有准确地进行薪酬预算，才能在未来一段时间内很好地控制和协调薪酬支付。

对HR来说，能用最低的工资招聘到合适的人，是他工作成效的表现。即使对市场很熟悉的猎头，也要经过多轮尝试才能确定open的范围。

如今能够公开进行招聘的公司，实力一般都比较强，并不存在资金问题。可是，对面动荡的市场，决策层总会显得比较谨慎，自然就会对招聘提高要求，同时严控成本，对薪资尤为谨慎。有些企业甚至还高估了自己的实力，过低估计行情，总觉得可以抄底，经常奢望用二流薪水吸引一流人才。由此，在招聘人才时，企业不愿提高薪资的情况就会很多，在薪资预算中，经常会出现平薪甚至降薪现象。

首先，HR的绩效评估往往和招聘到的求职者的薪资直接或间接相关，用较低的薪资招到合适的求职者无疑会体现HR的能力和工作成果；从公司层面来看，有些老板也会严控成本，有时会给HR传递这样的信息：用高薪招人体现不出HR的能力。

其次，有些公司HR处于辅助地位，他们自身薪酬低于公司其他部门员工薪资，更低于核心部门岗位薪资，这种情况下会让了解公司整体薪酬的HR没有动力去为求职者争取高薪。而且，如果人事部门地位不高，对于直线部门定薪的话语权有限，也很难对薪酬提出异议。

可是，对于求职者来说，以自己目前的能力找到工资更高、最适合自己的工作，才有跳槽的价值。

一方要求高，薪水却不高；一方能力强，却没有意愿和动力——企业成本和求职者个人的需求一直在博弈。企业和求职者本身就是一对矛盾：企业不愿意提高工资，求职者则不愿意降低期望，自然就会一直存在"招不到人"和"找工作难"的问题了。

现实中，很多HR在招聘过程中，都会遇到求职者期望薪资远高于职位预算的情况。如果是偶然现象，就不用太担心；如果这种情况经常出现，就需要注意了。如果企业的薪资预算和市场上薪资上涨的水平远不相符，这就是薪酬设计出了问题。

如果企业不愿意提高薪资预算，HR应该怎么做呢？

（1）将企业预算和求职者预算的差值进行分割，设计出每个薪资范围做什么工作。例如，企业的薪资预算是9000元，求职者要求12000元，这时可以这样做：拿9000元薪资的人做哪些工作，拿10000元薪资的人做哪些工作，拿11000元薪资的人做哪些工作，拿12000元薪资的人做哪些工作。把这些内容设计出来，让老板看到多出来的这部分薪资，求职者会多做哪些工作，才容易达成一致。

（2）如果多数求职者都不能满足企业的要求，可以选择低薪水但是潜力高的求职者。进入公司后，如果对方成长的速度很快、能力很强，后期也可以用加薪的方式来弥补。HR也可以参考猎头的方式，解决企业预算紧张和求职者薪资要求之间的矛盾。

（3）在企业的预算和求职者的期望薪资之间确定一个双方都能接受的值，作为试用期薪资，转正后再提高。如果求职者表现好，企业通常都会接受转正后提高薪资。

（4）多用企业的其他卖点吸引人才，比如行业、企业发展潜力、未来的发展空间。

最高级、最优秀的求职者，通常都成为企业的资本，在市场上可遇不可求，对这类人，要"求贤"而不仅是"招聘"。

求职者心态 vs 企业期望

求职者心态与企业期望之间的矛盾，也是造成人才招聘失利的重要原因。

首先来看求职者的心态。求职者来应聘工作，目的有很多，心态也不一，了解了这些内容，才能提高招聘效率。比如，有人要找工作，是为了提高薪资，更好地养活家人；有人要找工作，是为了获得更好的发展前景；有人想换工作，是为了离家人或爱人近一点；有人想换工作，是因为本身就对某家企业或集团青睐有加；有人要换工作，是为了让自己的工作更稳定。

2021年，智联招聘连续对就业市场进行了监测，《2021年春招市场行情周报》显示，61.2%的受访者更看重企业文化和员工福利。历经2020年的新冠肺炎疫情考验，求职者更喜欢稳定的工作，更看重公司的抗风险能力。有些求职者即使有丰富的从业经验，对现有工作很满意，依然想重新找一份稳定的工作。

案例1

2017年毕业于中山大学的晓琳，在杭州某中美合资企业工作了三年，成绩斐然，已经从最底层的小职员升任部门经理，在网上积极投简历找工作，因为她总觉得自己的工作不稳定，公司发展放缓，不仅降低工资，还可能裁员，晓琳感到自己也很危险。

案例2

李欢在成都上的大学，学的是工商管理专业，毕业后投了很多简历，也没找到理想的工作，最后只能托关系在一家私企找了份文案工作，月薪3000元。目前，他单身，成功地成为"月光族"。想到自己将来还要娶老婆、养孩子，他总想着自己能够找份稳定工作，即使工资不能提高，但名声好听，找对象也容易。

每个人对待新工作的态度都不同，这就决定了他们应对新机会的态度和方式。如果新岗位给出了更高的工资，求职者一般都会充分准备，积极应对；如果新岗位就是自己心仪的企业设置的，求职者也不敢消极怠慢……

再来看看企业的期望。

企业招聘新员工，肯定对新员工都有自己的期望，比如具有什么学历、专业知识扎实、从业几年的经验、可以出差、能力强、能够提高团队业绩等。尤其是发展前景良好的大企业更会提高要求，比如"我们只招985、211大学生"等。

而中小型企业，甚至希望实现弯道超车的企业，往往都希望求职者"有创业者心态"，希望将求职者的回报和绩效挂钩。

在市场不断变化的今天，企业对人才的需求也发生了巨大改变，能够主动从公司立场和角度出发积极地完成任务的高素质人才，才是企业最想要的。

举个典型的事例：

某公司招聘了甲、乙两名新员工，两人工作起来都很勤奋敬业，难分伯仲，可是在职业发展中，甲总被乙远远地抛在身后。很多同事也感到困惑，问题究竟出在哪里？后来，老板对两人进行了更为细致的了解，结果发现，甲不善于表达，性格比较内向，但工作很努力，每天都能完成上级安排的工作；乙却不一样，他既能高质量地完成被动接受的工作，又会站在老板的立场思考问题，为老板献计献策，还关注老板疏忽的问题，并想好了解决方案。老板对他很放心、很满意。

如果你是老板，你会更看重谁？如果有升职加薪的机会，你会优先提供给谁？答案自不待言。

什么样的人才最受企业青睐？不仅要对企业忠诚、爱岗敬业，还要有主见、执行力强。不管遇到什么问题，不管公司有没有要求，都能通过自己的判断和分析把问题解决掉，将工作高效地完成。这就是企业对员工的终极期望，更是对求职者的最高期望。

事实证明，满足了企业或老板的终极期望，求职者才能成功应聘，才能获得美好的职业发展前景；同时，只有迎合了求职者的态度或目的的企业，才能受到求职者的青睐。

发展良好的公司都会经历波动和危机，个人的价值很难脱离所在的体系，太过强调安全，就无法实现突破，只能成为价值体系里的螺丝钉。因此，HR在寻找人才的时候，不仅要理解求职者的心态，更要关注企业的期望，实现两者的平衡，才是最好的。

长期因素 vs 短期影响

有些求职者虽然已经拿到了招聘企业的录用通知书，但这些企业流程管控比较严格，入职时期太长，求职者等不及，就会匆匆入职其他公司。其实，如果后来入职的公司提供的是差不多级别的机会，这可以理解，但匆匆入职的公司提供的大多是综合考量情况并不算好的工作机会。之所以会出现这种情况，一大原因就是求职者缺乏耐心，对职业没有长远规划，而服从于短期看得见的境况。

还有一种情况是,家庭成员对求职者影响加大。每个人都有多重身份,当疫情还在全球蔓延的时候,家庭对个人决策产生了比职场更大的影响力。家庭对个人生活的影响,对每个人都是不同的。在疫情还没结束时,我们觉得很多决定理所当然;当疫情结束后,就不一定要将家庭意见放在第一位,会质疑家庭成员的意见水平和能力。

因为现实情况是:家人不一定了解求职者的职业抱负,求职者不一定了解他们的理想生活。疫情结束之后,求职者是否依然能把家庭的意见放在第一位?通过家庭的意见,确实能客观全面地了解求职者的工作。可以说,在疫情影响入职周期和家庭对个人的影响方面,前者是短期的、阶段性的,后者考察的却是个人的独立判断力。

职场没有标准答案,跳槽或坚守,转行或深造,看薪资或看发展,听专业人士的还是听亲朋好友的……这一切都无法判断是正确还是错误。

对于HR来说,确定求职者还不是最难的,最难的是怎么说服目标求职者接受设定的标准?怎么保证求职者来公司一周或一月后,不会离职。因此,为了降低招聘成本,为了降低员工的离职率,都要明确求职者的稳定性。那么,怎么判断求职者的稳定性呢?

1. 筛选简历阶段

在简历筛选阶段,可以进行以下衡量。

(1)从任职年限衡量。根据求职者每份工作的任职年限、跳槽频率等,对其稳定性进行评估:如果跳槽频率平均低于两年,就说明求职者习惯了跳槽，稳定性比较差；在不同公司工作，任职时间越来越长，跳槽频率越来越低，就说明求职者稳定性在上升；如果在"职业"一栏一片空白，说明求职者不是稳定性差，就是能力一般。

（2）从工作经历衡量。打开求职者的简历，看看他们的工作经历、各份工作之间的相关性；然后画出他的职业路径，看看是否制订了清晰的职业规划。如果求职者制订了清晰的职业规划，稳定性一般都比较高。

（3）从婚育情况衡量。多年的招聘经验告诉笔者，高龄未婚男女的稳定性都比较差，因为一旦结婚生子，他们的离职率就会明显提高。

2. 借助心理测试

面试前，可以让求职者作职业稳定性测试。

（1）通过心理测试进行评估。现在，很多人才测评软件都有关于稳定性的测试内容。通过量表或图形影射来进行心理测试，就能在一定程度上了解求职者的潜意识。

（2）通过其他心理特征进行评估。外在行为都是心理驱动的结果，心理特征能够影响个人的行为，求职者的职业稳定性与他们的某些心理特征有着密切关系，如表4-1所示。

表4-1 通过其他心理特征进行评估说明

心理	说明
欲望	个人欲望强烈的人，总觉得不满足，为了满足自己的欲望，就会跳槽
攀比	爱攀比的人，总觉得自己吃亏，认为自己可以得到更多，为了缓解这种情况，就会跳槽
冒险性	冒险性强的人喜欢尝试新的东西，一旦对工作失去了新鲜感，就会立刻跳槽

3. 面试评估阶段

在面试评估阶段，主要看如下一些内容。

（1）看看他们对岗位了解多少。抱着试试看的态度找工作的人，或目标不明确、稳定性不好的人，通常都会给很多公司投简历。他们对目标公司的了解一般都不深入，即使有所了解，也只是网上看到的基本资料，对职位的了解也往往仅限于招聘广告上的职位说明。因此，为了判断求职者的稳定性，可以通过他们对公司及应聘岗位的了解程度进行判断。

（2）看看个人性格如何。员工能否在公司里长时间工作，起决定作用的除了薪资水平，还有办公室的人际关系，即他们能否与部门领导或同事产生化学反应。如果员工性格不同，比如：有的员工急性子，有的员工慢性子，团队合作的结果，要么是慢性子的磨死急性子的，要么急性子的逼死慢性子的。因此，HR要对应聘者进行性格的判断，选出性格更适合当下团队的成员。

（3）查看工作地点的合适度。工作地点合适度指的是求职者对目标工作的工作环境及地理位置是否满意。在招聘过程中，这个问题很容易被忽略。但现实中，很多求职者都会在了解到他们可能工作的地方后退出应聘；有些人即使已经入职了，也会在几天后提出离职。

（4）从岗位级别匹配度衡量。平台大小的变化根本无法弥补职位、职权的落差。比如，某人原本在小公司里做经理或部门主管，多半都不愿意到大公司做一个基层员工。所以，职位提升，稳定性就较高，跳槽的概率不大；

职位平级移动，稳定性居中，跳槽的概率也居中；职位降低，跳槽的概率就大大增加，稳定性最差。

（5）查看他们的离职原因。面试中，可以询问一下求职者每份工作的离职原因，了解对方的动机和个性，继而对其稳定性作出评估。

三 选人小知识

招聘选人的隐性标准

招聘的显性标准是指按职位说明书的要求，学历、年龄、相关工作经验等，经过第一轮简历筛选和面试，基本条件都是符合职位说明要求的。招聘的时候，要看一下团队的梯队搭配，努力招一些有发展潜力的人员，之后就要涉及一些隐性标准了。

（1）较好的人际沟通能力和组织管理能力。如果要招一些有发展潜力的员工，建后备管理梯队，就要重视求职者的人际沟通能力和组织管理能力。人际沟通协调能力好的人，跟人沟通起来，会让对方很舒服，同时又能简明扼要地把事情讲明白。组织管理能力好的人，面临多线任务和与多人协同工作时，可以更好地跟他人配合，取得高效的结果。要想了解这一点，只要让求职者谈谈过往的工作业绩即可。

（2）自我驱动，积极主动。面试时，首先看求职者的工作动机和成就动机。有的人是自我驱动型的，自己职业发展的目标和路径都非常清晰，对工作有着很高的成就动机，做起事情来更加积极主动；有的人是被动型的，需要借助上级的推动或其他外力来做事。这些内容，都能从过往经历、成绩得失和未来规划判断出来。

（3）具备岗位所需的专业能力。这是招聘的基本要求，求职者必须具备完成岗位工作所需要的能力。这一点，可以从求职者过往的学习和工作经历中判断。最直观的是，求职者过去做过与该岗位相关的工作并取得较好的业绩，在讲述过程中，不仅知其然，还知其所以然，能够把工作逻辑和体系讲明白，自然就能胜任岗位工作。

第五章 积极搜寻：人才是求来的，而不是等来的

招聘市场竞争激烈，合适的人才不易找

如今，人才市场竞争激烈，要想找到合适的人才，确实不容易。而这也是企业招聘要面临的一个现实。

先举个例子：

为了将人才留住，每到春节，格兰仕都会为员工购买火车票，安排专车将员工送到火车站，让他们回家跟家人团圆。

这年又到了年根儿，像往常一样，公司又为打算回家的员工买好了车票，还派专车将这些员工护送到深圳火车站。

从公司出发时，领导发现有位员工带了很多行李，就问他："只是回家过个年，怎么带这么多行李？"

员工说："我打算将所有行李都带回家，明年不来了。"

领导想了想，说："感谢你为公司发展所作的贡献，祝你一路顺风，有更好的发展前景。"之后，始终如一地将他送到深圳火车站。

没想到，春节刚过，这个人就来到了公司。

领导看到他来报到，好奇地问："你不是打算不来了吗？怎么又回来了？"

这位员工说："我以前在好几家公司工作过，感受了不同的企业文化，只有格兰仕把员工当成家人，深更半夜还送我们上火车，让我们回家团圆。就冲着这一点，我决定回来。"

还有一个例子：

为了增强对人才的吸引力，曾国藩从来都不会任人唯亲。同时，他还时刻勉励自己，提高警惕，不敢对他们讲恶言，工作不敢懒惰，不敢排斥学识丰富的人，不敢排斥异己……发现自己的吸引力不够时，他积极改变，反思自省。

人才不是"找"来的！

"找"这个动作，带有很强的主观性，即使招到了人才，结果也是被动的。能力卓越的人才，并不是只要你想找、用心找，就能找到。

现实中，很多人都觉得找工作比过去更难。其实，现在市场行情不明，企业处于观望中，提高了风险意识，招聘放缓，都是很正常的事。

市场环境不断变化，求职者之间的竞争更加激烈。对于普通职位，众人

都在投简历，面试官仅筛选简历就会花去大量的时间。

在疫情过后，职位量恢复，但是求职人员同时也在增长。根据猎聘一季度针对职场人的调研数据，2021年全年，有跳槽打算的职场人占比为60.71%，而2020年这一比例为38.53%，前者人数是后者的1.58倍。猎聘调研显示，受访者想跳槽的四大原因是："想赚更多的钱""追求更好的发展机会""工作遇到瓶颈，想要有所突破""疫情缓解，经济复苏，看好就业市场"。这四者的得票率分别为62.54%、48.61%、45.20%、34.67%，这说明职场人跳槽的考量更为实际。"薪资福利"成为多数人跳槽选工作最看重的因素，得票率为88.24%；"稳定性"位居第二，得票率为51.39%。疫情缓解后，职场人跳槽对稳定性的诉求降低，而更多的是利益驱动。

最近，很多企业的HR都很忙。企业抓紧了对招聘成本的控制，用人更谨慎，很多企业都在裁员冻编。即使招聘，预算也不会太高，大部分职位不能找猎头帮忙，HR工作更辛苦。

在每位HR手中，几乎都有疑难岗位在招聘。有些岗位挤破头，但有些岗位却很难招到人，而这些职位往往都是重要职位，需要老板亲自出马招聘。

求职者对公司的推动是普通人才无法企及的。

1. 提高简历筛选的效率

在网络招聘中，企业都会收到很多简历邮件，大企业更是如此，数量无法控制，质量良莠不一，HR面临着巨大的工作压力。比如：各大招聘网站的简历格式不统一，HR筛选和分辨信息时，需要花费太多的时间；人才信息的重复整理和录入，会对工作效率造成负面影响，要想搜索一份合适的人才简历，有时候甚至要花半小时。

因此，要想找到合适的人才，就要提高简历筛选的效率和准确度。事实证明，关键词设置得越精确，越能搜索到合适的简历。

2. 减少无效面试的次数

要想提高招聘的准确度，就要明确招聘职位的需求，确定职位需要的关键技能，同求职者进行有效沟通，收集信息，综合分析，对求职者的能力及品性进行评估，比如，如果求职者应聘的是销售岗位，可以这样问："给我讲述一次你的成功销售经历吧。""如果现在让你召开销售会议，你会如何做？""遇到问题时，你会如何解决？""你觉得自己的想法正确，说几点理由。""这样做的结果呢？"

首先，就学识背景、职业规划、目标方向等进行提问；其次，就具体环节、问题和方法等提问，让求职者在相对宽松的氛围中缓缓接受引导，作出回答；最后，进行主题明确、层层深入的提问，继而得到想要的信息。

面试时，对求职者的能力进行考核和测评，就能提高有效面试的次数，减少招聘的工作量，缓解 HR 的招聘压力。

3. 简化招聘流程

HR 要根据企业的具体情况规范招聘工作流程，使之标准化和程序化。为了提高招聘的衔接性，还要简化流程，让用人部门参与进来。

各部门之间不做好招聘工作的衔接，彼此不配合，就会使招聘效率低下，从而让优秀人员流失掉，这也是招聘效果不佳的主要原因。

对于不同企业来说，工作环境、领导者的管理风格和用人理念都是不同的，企业究竟需要什么样的求职者，只有用人部门自己知道。因此，招聘部门要不断地向用人部门灌输招聘管理理念，引导他们主动参与招聘。比如，让他们参与岗位要求的制定、面试、录用等。事实证明，用人部门对HR的配合和支持程度，决定着招聘的最终效果。

4.明确工作人员的要求

提前准备好招聘规划、方案、程序、内容等后，还要对工作人员提出具体要求。如果工作人员对岗位要求把握不准确，综合素质不高，不懂得招聘的技巧，预期与实际就会出现巨大偏差。因此，要想办法提升工作人员的综合素质，提高他们的表达、观察、协调和认知等能力。

综合素质：热情公正、认真负责、诚实。

表达：知识和行业了解及沟通力。

观察：掌握适合辨别的测试技术。

协调：寻找到思想交流的着陆点。

认知：策略方式与角色的转换性。

5.建立企业人才库

在业务的不断发展过程中，招聘工作量也会逐渐增大，企业要想建立人才数据库，就要通过多种渠道收集应聘简历，比如网络招聘、参加招聘会、张贴招聘广告等。然后作好备份，对简历进行统一管理。如此，才能在保证招聘质量的同时，降低招聘成本，提高招聘工作的成效，减少招聘的盲目性和烦琐性。

招聘高端人才，机缘稍纵即逝

现在就是最有利于招聘高端人才的时候。

中国很多企业比较年轻，经历过产业周期、遭遇过行业比较大危机冲击的比较少，很多企业只要依赖模式创新，就能取得不错的成绩，人才的重要性并没有太强的意识。其实，市场环境一直都在发生变化，有红利的行业会因为进入者众多，最终变得靠管理取胜；市场形势越平稳，人才越是制胜的法宝。

优秀的人才通常是不需要主动找工作的。想要积累相当的能力优势，就必须投入工作，心无旁骛，所以在市场好的时机，根本就看不到机会，即使是现在，很多公司裁员，也会将核心骨干留下。

对于发展状况良好、需要人才进一步推动的企业来说，市场平淡时，更能看到求职者的好，无论是薪资谈判空间，还是选择余地，都会大一些。

有些企业一边裁员，一边还在招人，无非是为了"增肌减重"。识人之难，难在甄别与取舍。

1. 客观评估简历要素

对于高端人才，招聘时的评估要素主要包括以下几个方面。

（1）个人发展路径。包括晋升、职业流动的逻辑性等。晋升方面，会关注求职者在同一家企业是不是通过跳槽来实现晋升。职业流动逻辑性，关注

每次流动企业间的背景是否相当或有所提升。如果是从大企业到小企业，而通过流动岗位有晋升的情况也具有合理性；如果出现了从大企业到小企业的流动，岗位却没有晋升，就要考虑职业流动的逻辑性是否合理。

（2）求职者的背景。包括学历背景和工作背景等，比如毕业院校、学历、进入职场后历经的企业、工作岗位等。

（3）企业文化。求职者在不同企业的流动，提示HR关注该求职者与流动企业间的文化匹配度。企业文化匹配度是保障招聘质量的重要因素。

（4）隐藏风险。比如，简历中会存在断档等情况，都是要特别关注的。

除了简历的评估外，对高端人才的评价更重要的是作深度背景调查，需要通过求职者同行业的其他人选来了解求职者的个性、管理风格、战略思维、人际关系处理能力、过往业绩、以前职业生涯中是否有瑕疵等。

对高端人才来说，简历只是基础，背景调查是更重要的评价要素。背景调查是人才甄别的重要环节，是人才评价的"防火墙"，能够提高效率、规避风险。

2.高端关键人才的争议点

高端关键人才容易产生争议或冲突的地方主要有以下几点。

（1）价值观是否一致。初级人员主要评价要素是素质和潜力，中级人员更看重能力，而高级人员更看重的是文化和价值观方面是否与公司相符。价值观是一个人对职业的认识和态度以及他对职业目标的追求和向往，如果价值观与企业不相符，就无法与企业一起前行。

（2）激励和留人机制。对于高端人才，要设定的机制是吸引、激发和留任，让高端人才能够长期留在企业，为企业服务。激励机制，能够让高端人才始终保持激情和活力，持续创造高价值。

（3）权力边界是否清晰。权力边界会涉及企业制度是否清晰。每个公司的制度都存在涵盖不到的地方，既然要界定权力的边界，就要看企业文化对制度无法涵盖的地方如何处理。

3. 关键人才的任用

关键人才的任用，是企业发展的关键。笔者认为，关键人才的任用主要应注重以下几个方面。

（1）用事业吸引人才。对于企业创始人来说，最重要的能力是对市场机会的发掘和捕捉的能力，只要具备对市场机会的敏锐感知力，就能吸引一批人才加入，一起奋斗。市场中，有很多创业者和企业，但是多数都是追随者，因此在行业初露端倪时，敏锐地发现行业先机并全身心投入的创业者非常少，这类创业者正是值得关键人才追随的对象。

（2）给人才以信任，学会放权。要想让员工主动工作，就要信任他们，将工作的权力下放。员工有了权力，工作起来才能更加得心应手，才能将自己的优势发挥出来，充分挖掘自己的潜力，充分燃烧自己，提高工作质量，取得最佳的业绩。

（3）制定文化和制度，让人才发挥。在企业中，高端人才更重视自我发展。他们会利用文化和制度，强化企业凝聚力，创造良好氛围，发挥文化和制

度的引领作用。

事实证明，只要营造了良好的企业氛围，关键人才就能通过自驱力对待工作，形成强烈的主观能动性。

真正有能力的求职者，并不缺少机会

如今，很多正在招聘的企业觉得在现在的市场情况下人才机会少、招人很容易；有些求职者则担心在现在的行情下，容易遇到困境，便急于抓住给录取通知书快的企业。

作为职场中人，如果自己真正有价值，在自由流动的职场上其实并不缺乏机会。很多企业都在感慨，行情不好，但只要找到合适的人才，总会有很多机会。

人才是发展的根本，甚至还是一种紧缺的资源，如果不是因为怕用错人而导致成本增加，谁不想招人？但是，如何用人是每家企业的基本功课，而这也是普通企业和优秀企业的显著差别。

对谷歌来说，"人"是公司真正的"中心财产"。谷歌深信，一流的人雇佣一流的人，二流的人雇佣二流的人，当一个团队开始雇佣二流的人的时候，就开始走下坡路了。因此，谷歌的每一个治理者要做的最主要的一件事就是招聘。

为了招募到真正优秀的人才，公司鼓励员工推荐本人认为的高手加入谷歌。

对挖掘人才这件事，高管都报以极大的热情，有一位资深副总裁甚至还给求职者发送了这样一封邮件："你可以随时打电话给我，一礼拜七天，一天24小时，任何时间都行。"当初，为了将李开复招进公司，谷歌还特意将他约在高尔夫球场，经过一番畅谈后，李开复就成了谷歌的全球副总裁兼中国区总裁。

除了内部推荐，谷歌还设计了一套严格、精细、科学的面试流程，开展社会招聘。谷歌的方式跟多数公司一样：

收到成千上万的简历后会先进行严格的筛选，然后跟初选合适的求职者开展电话面试；电话面试过关后，公司接着部署正式面试。

面试中，几乎所有的求职者都要接受多个部门面试官的面试。而每一位面试官都要详细填写反馈信息，并严谨地给求职者打分，甚至连求职者的口头表达能力也会被评估。

收集到所有的反馈信息后，"招聘小组"的成员会对这些信息进行审查，给出得分，并进行排序，然后进行深入探讨。

接着，由"招聘小组"筛选出最佳人选，并将人员资料送到"副总裁小组"，再接受一次审查，确定最终录用者。

之后，公司会向录用者发送录用通知单。接到通知后，求职者可以自行决定开始工作的具体时间。

为了给员工提供便利，让他们将精力都花在工作上，少了后顾之忧，公

司为员工创造了极其优越的条件。比如，可以自主决定上下班的时间，可以得到自己最需要的、性能最好的电脑；可以自由调换负责的项目……公司为员工发挥才干、实现梦想提供了充足的空间。

凭着以上优势，谷歌将世界上最优良的人才都收集到了自己手里。比如，互联网之父温特·瑟夫（Vint Cerf），世界上首个发现网络爬虫的人路易斯（Louis），中文搜寻第一人简立峰……而这些一流人才以谷歌为家，创造了一个又一个令世人惊叹的奇迹：日阅读量10亿次；年度增加率百分之百，只用了七年时间，就让公司的市值达到了1000亿美元……

不得不说，谷歌确实是发展最快、最成功的科技企业之一。其成功，不仅源于正确的选人和用人，也是人才管理的成功，"识人"的重要性由此可见一斑。

众所周知，"千里马常有，伯乐不常有"。现代有了更多展示的平台，变成了"千里马不常有，伯乐更可贵"。在任何时代，最有价值的人才都是求来的，我们的终极目标是：让求职者都能找到自己的伯乐，让优秀企业都能得到千里马。

面试因为自身的特性，会出现一定的主观性，导致面试结果偏离实际需求。为了规范整个面试过程，达到标准化，企业可以采用结构化面试的方法。

当今世界，外部环境不断变化，企业也处于不断变化中，企业对求职者的要求也在不断变化，为了满足这个需要，就要不断地调整选拔性素质模型，加大结构化面试的开发力度。

1. 创新能力

为了了解求职者的创新能力，可以提问：

"你是如何理解创新能力的？说说你的想法。"

"你是否有过成功的创新案例？如果有，介绍一下具体过程。"

"在这个案例中，能体现创新的亮点是什么？你认为有哪些细节体现出了你的创新能力？"

2. 积极主动的工作风格

为了考察求职者的时间观念、紧迫意识、学习习惯和个人规划，确认求职者的积极主动性，可以对求职者进行这样的提问：

"说说未来3~5年你的工作规划、职业规划和学习规划？"

"为了实现你的工作规划、职业规划和学习规划，你正在做、已经作了哪些准备呢？"

3. 学习能力

要想了解求职者学了什么、有何收获、学习态度、学习方法、学习意愿等，可以提问：

"你在上家公司工作了多久?"

"其间,你都参加了公司安排的哪些学习或者培训呢?"

"你自愿参加的这些培训(外部培训),在工作中对你有哪些帮助和提升?对你的价值是什么?"

"最近有没有你想提升的、学习的(培训),但是公司没有这方面的计划,你怎么办?"

4. 团队合作精神

为了全面考察求职者的团队合作能力,可以提问:

"请举出最能够证明(体现)你具备忍让、包容、换位思考(理解他人)的事例。"

"请举出最能够证明(体现)你对身边同事或他人提供支持、帮助、辅助、协助,甚至是无私付出的事例。"

"当时你的老师(同学、同事、领导、客户等)说了什么?做了什么?有哪些地方让你感到难以接受或者不舒服的?"

5. 协调能力和谈判能力

通过提问"说说给你印象最深刻的一次项目经历",追问细节,了解求职者积极主动、善于分析、灵活应变等沟通能力;通过测试或测评、观察或压力面试（模拟面试）、提问或追问等面试方法来了解求职者的谈判能力。

6. 表达能力和沟通能力

面试现场进行沟通，如果求职者说的话能让面试官听明白，没有歧义，且还能让人愿意听、喜欢听，就说明求职者的表达能力不错；通过求职者的表达能力、理解能力、倾听能力和互动能力等，考察求职者的沟通能力。

7. 执行能力

先是在面试现场给求职者提时间要求，比如："给你30秒（或者1分钟），请回答……"；之后，通过求职者的理解和倾听能力，确认求职者的执行能力。

选人小知识

优化团队的多样性

这里的"多样性"不仅是指性别和种族意义上的多样，还牵涉其他很多内容。

在一家公司中，如果员工都跟老板性格一样、办事风格一样，可能会在短期内能取得一定的成绩，但从长远来看，这种员工结构会阻碍企业的发展。同样，如果团队成员的想法和工作方式都不一样，各项运营活动也可能停滞不前。因为要在这类人群中达成共识，非常困难。因此，招聘之前，要先确定企业需要的人才类型，然后再进行招聘。

这就是优化多样性的真正含义。

多样性一旦得到优化，员工之间就会形成一种默契，产生更好的创意、行为和结果。

如果你的产品或服务面对的客户来自不同的文化背景，就要尽量聘用在这些文化背景下生活或工作过的人，否则仓促决策，就会让团队蒙受巨大的经济损失。

留意一下团队成员的长处，再观察一下你打算聘用人员的长处，然后问问自己：这个人能否为团队带来独特的优势，能否让团队变得更优秀？

每个人的经历迥然不同，才有可能带来真知灼见，推动业务的向前发展。

下篇
理顺选人流程,吸纳合适人才

第六章 主动寻人：利用多种招聘渠道，找到合适人选

浏览人才网站，搜寻合适人才

网络的便利性有目共睹，为了在最短的时间内找到合适的人才，许多企业都开始在网络上发布招聘信息，寻找潜在求职者。

对于人才招聘来说，网络招聘也是必备的一项技能，有些人甚至还成了这方面的专家。只要掌握一定的网络查询技术和技巧，经验丰富的面试官就能发现并找到极具潜质的求职者。

招聘网站是多数公司都会选择的平台，前程无忧、智联、猎聘，甚至已经没落的中华英才网，都是HR几乎每天都要打开的网页。除此之外，近几年搭着互联网创业风潮而兴起的拉勾网、BOSS直聘等网站，也受到了面试官的欢迎。此外，还有一些垂直招聘网站，比如：爱实习、58同城等也是HR喜欢使用的网站。

从效果来说，对这些网站的各种评价都有，有人说好，有人说不好，但有

一点是共同的：贵，且越来越贵。可是，即使价格很贵，大家依然乐此不疲地使用着，因为这些网站提供了企业需要的大部分初中级或中高端的求职者简历。

同时，这些网站渠道也绞尽脑汁地开始推陈出新，比如：推送各种增值服务、RPO（招聘流程外包）、猎头平台等，大部分招聘工作就是通过这几个大网站解决的，它们是招聘行业当中的"王中王"。

在招聘过程中，到大型知名人才招聘网站搜寻人才是面试官最常用的一种搜寻手段。这些网站有前程无忧、智联招聘、猎聘网等。此外，专业人才网站（如食品人才网、电力英才网、医药英才网等）或地区人才招聘网站，都有庞大的人才库，储备着各类人才简历和人才信息。通常，在这些网站的人才库，都能搜寻到所猎职位需要的人才。

当面试官在公司人才库中搜寻不到合适人才时，就可以到知名人才网站或专业人才网站搜寻人才，具体操作方法有以下几个方面。

1. 安排专人管理账号

注册为招聘网的招聘会员后，要将这个账号交由专人负责。将来如果这个人离职了，也要让他将使用过的户名与密码留下来，交接给另一个同事负责，然后对密码进行修改。当然，管理账号的人员，不仅要熟练操作电脑，掌握在各大网站的人才招聘流程，还要懂得后台管理。

如果忽视了招聘网站账号的管理，平时都不登录，收不到应聘简历，接不到应聘者的求职电话，那么招聘效果自然无法提高。

各大招聘网站虽然常有人才的重叠，但也各有不同的特点，对招聘不同

职位的效果也不同。安排专人专责管理账号，定期汇总分析各类职位招聘效果，也能及时根据招聘效果调整各大招聘网站的使用。

2. 完善公司与职位资料

招聘专员查看简历时，对于简历填写更完整的求职者，要给予更多的关注。同理，公司简介与职位说明都不完整，求职者也会觉得企业的诚意不够，自然就不会主动投递简历。

（1）为了让求职者放心，公司简介不能虚假浮夸，要尽量翔实可靠，使求职者能够一目了然地了解公司的基本情况，并吸引能力强的求职者投递简历。

（2）为了避免求职者盲目投放简历，就要准确描述招聘职位，内容包括具体的工作范围、所属部门、岗位要求等。

3. 及时查看求职者的简历

发布招聘信息后，企业后台每天都会收到很多求职者投送来的应聘简历和留言。对这些信息，HR要及时查看，认真作出回复：或让对方来面试，或礼貌地谢绝。如果某个岗位的招聘名额已满，就要及时关闭招聘信息，以免浪费其他人的宝贵时间，这样做也能打造好的公司口碑。

4. 经常登录招聘网

如果经常登录，就要保持账户的活跃，将公司名与职位刷新在招聘网的首页，招聘信息的日期就能自动更新为当天的日期。求职者查看或搜索招聘信息时，一眼就能看到，简历投递的概率也会提高。

在人才网站搜寻人才应注意的事项主要有如下五个。

（1）如果选择的人才招聘网站与企业经常招聘的网站是同一个，多数人才信息可能已被企业人力资源部门收到或看到，将这类人才推荐给各部门，会遭到他们的拒绝。为了杜绝这个问题，可以与多个大型人才招聘网站合作。

（2）人才招聘网站的人才信息量大，人才素质参差不齐，搜寻人员，要耐心一点。对搜寻到的人才信息，要认真仔细阅读或研判，不能一目十行，以免将合适的人才漏掉。

（3）人才招聘网站的人才信息多、数量大，用户也多，被购买或利用得快，因此，搜到人才后，一定要及时跟他们取得联系，否则可能被其他企业要去了。

（4）人才招聘网站上的人才信息数量多，搜寻时要尽量按条件和关键词搜寻。对搜寻到的人才简历或人才信息，要认真查看、阅读和对比，防止漏失。

（5）在人才网站下载简历，不仅要收费，还有一定的数量限制，因此下载时一定要注意人才的质量。

让他人介绍，为你推荐人才

利用人脉寻找人才，也是HR搜寻人才时经常使用的方法之一。

有一次，某公司的电商部门上线，急招一名美工。公司李总和几位HR

朋友聚会，说起了公司的这个需求。有一位平时不太熟的HR说，他们公司正好面试了一批美工岗位。他一共面试了十几位求职者，面试完以后觉得有两个人非常合适，最后，公司选了其中一位。因为那位求职者的经验比另一位多一年，而且是当地人。另外一位虽然不是当地人，但也属于本省，且在当地买了房子，很优秀的。于是，推荐给了李总。

第二天，朋友就把这位求职者的简历给了李总，同时还发给他几份其他求职者的简历。他解释说，当时这几个求职者是一起参加面试的，他觉得也不错，只不过比他推荐的那个人稍逊一筹，完全可以将这几个人放在一起面试，通过比较，作出最优选择。

李总对这批求职者进行了面试，发现推荐的这位求职者果然很优秀。最后，公司就录用了这位求职者。整个岗位从提出需求到人才招聘到位，只用了三天的时间。而且，求职者正式上岗后，用人部门非常满意。

找朋友介绍人才的方式在公司招聘中很常见。每个人都有自己认识的人，经过朋友的推荐，企业和求职者也比较容易放心。用该方法搜寻人才，比较快捷，成功率高。

概括起来，利用人脉寻找人才的途径一般包括客户推荐、业内知名人士推荐、人才推荐、亲朋好友推荐等。

1. 客户推荐

请行业内的客户职业经理人、人力资源总监（经理）、招聘经理（主管等帮助推荐人才。他们有这方面的人才储备，特别是行业内优秀的职业经理人和人力资源总监，会有很多同事、朋友、同学等，他们互相了解，推荐的人才一般都更符合职位要求。

2. 业内知名人士推荐

搜寻高端职位人才时，如果能请到该行业内知名人士帮助推荐人才，是最好的方法，因为他们了解行业，了解业内多数高端人才。一般情况下，他们不会答应帮助推荐，但只要答应了，就会帮你推荐。

3. 人才推荐

同职位的人才、同行业的人才、招聘专员交流过的人才、招聘专员推荐成功的人才等，他们符合职位条件和要求却不愿流动，但这并不是说他们就"没用"了，可以将需要招聘职位的条件、要求和企业情况告诉他们，请他们帮助推荐人才。

4. 亲朋好友推荐

让周围的同乡、同学、同事、亲戚、朋友等帮助推荐人才，广撒网。虽然热情的人士会帮助推荐，但效果未必太好。

利用人脉寻找人才，需要注意的事项如下：

（1）人脉要靠长期积累。普通面试官一般都没有太多的人脉，需要在平时的招聘工作中不断积累，参加各类社会活动和公益活动，不断接触人才，不断积累人脉资源。

（2）利用人脉寻找人才，一定要找准介绍人。有些人答应推荐后又不推荐，或推荐的人才不合适，既会浪费时间，也会影响工作的进度。

（3）利用人脉寻找人才，要求招聘专员是一位热心人、公道正派、品德端正、乐善好施、乐于助人，如此才能得到他人的帮助。

（4）利用人脉寻找人才时，如果作出推荐成功给予感谢的承诺，就一定要兑现；否则，下次就没人再帮你推荐人才了。

利用新媒体，将人才吸引过来

2017年，麦当劳到学校进行招聘，为了扩大影响力，在抖音上做了很多招聘广告。

抖音的用户群体比较年轻，充满活力，更加热情，与麦当劳的员工需求比较匹配，很快就收到了大量简历，最终招聘了大量新生代员工。

目前，抖音正处于野蛮的生长期，在上面做广告，定价还没有参考标准。其实，只要将招聘广告做得有创意，即使花费几万元的广告费，也是值得的。

新媒体是相对于传统媒体出现的一种全新的媒体形态。新媒体的出现跟互联网的发展密切相关，合理使用数字技术、网络技术、移动技术，通过互联网、无线通信网和有线网络等渠道，借助电脑、手机、数字电视机等终端，招聘专员就能发布招聘信息和查看求职者提供的求职信息。

新媒体出现后,传统媒体的的阅读人数大幅度减少,影响力明显下降,招聘专员完全可以在一些有影响力的新媒体上发布职位信息,比如短视频、快手、抖音等,吸引专业人才。

新媒体渠道的优势主要有如下几个方面。

1. 新媒体的社交性

如今,多数人使用的新媒体中,都具有添加好友、找到相同爱好社群、直接或间接看到明星的动态、关注发布者的信息、陌生人的推送等功能。这些都体现了新媒体的社交优势。比如,招聘专员在新媒体渠道推送了招聘信息,A 看到信息后,就可能推荐给有找工作需求的 B 朋友或圈子。或者通过新媒体圈子粉丝或朋友较多的人,推广招聘信息,这样就能让更多的社交圈子和个人看到。

2. 新媒体的低价性

如今,我们所使用的 90% 的新媒体渠道,都是免费开放的,招聘专员完全可以直接在上面作宣传推广和发送招聘信息。即使需要一定的推广费用,也比传统渠道的会员制、点数制或报纸月刊刊登更划算。

3. 新媒体的搜索性

新媒体渠道有一个特性,即加入了搜索功能,可以用最简单、最垂直的字词,快速找到需要招聘的群体和求职者。这一点,远比利用传统媒体坐等合

适的人看到招聘信息再进行联系，更便捷。

4. 新媒体的多元性

传统的招聘渠道的信息传递主要以图文为主。现在的新媒体渠道不仅可以发图文，还可以发视频、GIF 动图、动画、H5、PPT 等，传播方式多元化，更符合现代人吸收信息的爱好。

5. 新媒体的全民性

新媒体是现在生活、工作中不可或缺的工具，无论是找工作的人，还是不找工作的人，都在使用新媒体渠道。人人新媒体，已经是这个时代的趋势。

6. 新媒体的互动性

无论使用哪个新媒体渠道，都能跟求职者提前进行一对一的沟通，这是传统媒体无法做到的。

常用的新媒体渠道，主要包括以下几个方面。

（1）微博

2018 年 8 月 20 日中国互联网络信息中心发布的第 42 次《中国互联网络发展状况统计报告》显示，截至 2018 年 6 月，中国网民规模达 8.02 亿人，中国微博用户规模为 3.37 亿人。企业完全可以利用微博进行新媒体招聘。

微博的主要功能包括：

①发布招聘信息，写对话题（#话题#），找对超话；

②搜索职位、工作、地区等关键词，找到求职者群体；

③招聘信息尽量配图出彩，语言幽默；

④使用多元化的发布形态，比如自制的宣传视频、PPT形式的录制等；

⑤微博自带推广方向，比如选择固定群体、合适人数等。

（2）微视、抖音等短视频

短视频时间短、创作容易，迅速占领了"80后"、"90后"甚至"00后"的市场。随着移动终端的普及、网络的逐渐提速，短平快的大流量传播内容受到各大平台和粉丝的青睐，"看文字不如看图片，看图片不如看视频，看长视频不如看小视频"，成了现代内容传播、大家接受信息的现状。

用微视或抖音等短视频进行招聘，可以这样做：

①人们都喜欢美的东西，为了增加吸引力，可以让公司漂亮或帅气的员工进行拍摄宣传；

②为了凸显公司优势，可以拍摄一下办公室的工作环境、员工的聚会活动等；

③发布标题，吸引人；

④加入合适话题，@相关的大V号；

⑤私聊招聘大V号，寻求互推合作。

（3）知乎、豆瓣等原创平台

这类平台是一个大型的数据库，不仅有干货的聚集、思想的碰撞，还有宣传推广。要想通过这些平台作好宣传，得到别人的好感，就要从以下几方面做起：

①标题用好关键词，比如：地区、招聘、岗位等；

②文章开头不要直抒胸臆，先聊一聊对现在某岗位、某行业、某地区的个人见解；

③营造个人 IP 或企业 IP，告诉别人你对招聘、某行业都有独特见解。

当然，利用新媒体寻找人才，有些事情也是需要注意的。

（1）招聘专员应是自媒体的积极参与者。招聘专员应利用各种培训、会议、聚会等活动加更多的微信好友，使自己的好友实现量的增加；同时，要积极参与各种群的互动，充当群里的活跃者，引起好友的关注，发表一定的有分量的、被大量转发的原创文章。

（2）积极参与互动，及时回复，多发表一些管理类文章和招聘职位，让好友感觉到你的专业性。当然，要想得到好友的尊重，发表的言论要积极向上、明快有趣。

（3）招聘专员应是新媒体的熟练使用者，了解新媒体的应用和作用，能积极地探索、推进和利用新媒体为人才的选用提供帮助。

（4）招聘专员有足够数量的微信好友。在信息社会里，没有一定数量的微信好友和微信群，会直接影响招聘工作的有效开展。

选人小知识

设计有吸引力的招聘简章

招聘要重视招聘简章的设计，不能千篇一律。

首先，千篇一律的招聘简章并不能有效地激发求职者的兴趣和热情。招聘简章的内容如果都大同小异，缺少令人过目不忘或眼前一亮的内容，求职者就会觉得你们公司很平庸，或者在糊弄人，或者实力不够……这样一来，只能将优秀人才隔离在外。

其次，各公司的招聘简章之所以会雷同，原因就在于，招聘内容都是HR参考已有模板进行的简单修改，上面的很多内容甚至让人摸不着头脑。比如，"公司可以为员工提供具有竞争力的薪酬"，这句话就说得非常模糊，何为竞争力？是内部有竞争力，还是外部有竞争力？是跟市场进行比较，还是自我感觉？

细节决定成败，作为HR一定要设计一份既能体现公司特色又能有效吸引人才的招聘简章，千万不能因为这些细节问题使公司与优秀人才失之交臂。

第七章 慧眼识人：运用工具，洞悉人才的品与能

简历识人：在字里行间，找到人才特点

在招聘任务中，简历的重要性毋庸置疑。没有简历，接下来要如何开展邀约、面试、Offer 谈判和入职跟进等一系列工作？

在招聘工作中，简历认读虽然是 HR 的一项基本工作，但简历认读的有效性直接影响着整个招聘工作的效率和效果，更代表了 HR 的能力。

使用简历读人，能迅速排除明显不合适的人才，筛选出哪些人才是企业需要的。近年来，简历读人越来越受到招聘专员的重视和喜爱，被广泛用于人才寻访、人才选拔等工作中。

看简历与简历读人不同，看简历是看简历上写的是什么，是表面的；招聘专员的简历读人，是通过简历的内容看出简历背后的东西，读出简历揭示的特点、问题及隐藏的内容等。

小袁性格开朗，充满活力，毕业于一所民办大学，学的是计算机专业，学历大专。

为了找到理想的工作，毕业后，21岁的小袁四处投放简历。智联招聘、中华招聘每天都刷新网页，只要看到适合自己的工作他就发一份简历。可是即使他有着良好的计算机专业能力，职业理念和表达能力也不错，得到的面试机会却寥寥无几。

后来，小袁扩大了自己的简历投放渠道，不仅在网上发，还参加现场招聘会，甚至还让亲朋好友推荐、让职业介绍所介绍……结果，几个月过去了，依然没有企业录用他，虽然他也参加过几家公司的面试，但最后都没有结果。

经过沟通了解到，小袁的职业定位并没有问题——在当前形势下，优先选择专业及其相关职位，如计算机技术支持以及IT行业相关通用性的工作岗位；在简历制作的框架上，也基本符合要求。

问题的关键就在于简历内容。

简历缺少包装。简历整体上显得非常单薄，只是一个简历框架，核心内容介绍和语句的润色成分很少，没有实质性的内容。

工作经历空白。毕业前，为了实习，他只在一家房产公司做过4个月的中介，工作职责不明确，表现也不突出，更没取得亮眼的工作业绩。

版本毫无特色。缺少对某个岗位的针对性，用的是万能的求职版本，即不管应聘什么职位，稍微删减、修改一下，都能直接拿来使用。

可见，小袁获得的面试机会之所以少，除了一些客观因素外，简历制作

上的问题也显而易见。对于简历读人的 HR 来说，读这样的简历并作出判断是不费吹灰之力的。

所谓简历读人就是在读企业、读老板、读职位的基础上，招聘专员按照职位要求，通过对人才年龄、学历、教育经历、培训经历、工作经验、工作业绩和工作背景等的分析和解读，判断求职者的简历与企业岗位的匹配度，具有真实、普遍、准确、简单、成本低等特点。

对于 HR 来说，如何快速筛选和匹配简历，是一项必备的技能。招聘工作关系到企业人才补充，所以，这是 HR 日常工作的重要一环。那么，HR 在招聘时，应该如何提高效率、更快地筛选简历呢？

1. 重视简历包装

简历是企业挑选员工的第一步，在没有见到求职者本人的情况下，HR 可以通过求职者发来的简历，对他们做出最初的评判。如果简历设计得不好，就可以直接舍弃。为了让 HR 阅读自己的简历，聪明的求职者就会提高简历的吸引力，比如：包装做得有创意一些、做些自我评价、说说自己的优势和特点、客观地展示自己……当然，所有的内容都会尽可能地跟岗位要求相符。

连简历都设计得这么用心，至少说明求职者很重视这份工作，那么这份简历可以保留，可以让求职者来面试，进一步沟通。

2. 关注完善的工作经历

应届毕业生基本上都没什么工作经历，即使在上学期间做过一些兼职，也不能为他们的简历增色多少。为了弥补这一缺陷，在"工作经历"一栏，有些人就会将在校期间的实习经历、兼职经历、社会活动经历等写进去，还要陈述一下主要工作职责和能力表现等，争取给招聘方留下更加具体的形象。对于这样的内容，HR 要多关注。

3. 提高针对性

任何人都不可能只适合从事一种职业，在选择不同职位的时候，为了增强简历的有效性和吸引力，获得更多的面试机会，聪明的求职者都会根据具体的应聘职位，及时调整简历表达的重点。

比如，对于计算机专业毕业的学生，可以应聘计算机维护类职位与计算机操作或通用型职位，但这些岗位的职位要求是有差别的，在投递简历前他们都会制作 2~3 份不同的简历，以备投递之用。

通过各种渠道和方法，搜寻到大量的人才信息和人才简历后，招聘专员不仅要对这些人才简历和信息进行认真整理，还要对每一份简历进行认真分析、解读、评估和判断，将完全不适合企业要求的人才简历剔除，留下基本符合企业要求的人才简历。

具体来说，通过简历了解求职者的主要步骤如下。

1. 人才基本情况——与岗位要求是否匹配

通过对求职者简历上的性别、年龄、学历、职称、专业、特长等内容进行分析，就能知道求职者是否符合用人单位岗位的基本要求。在核心指标中，只要有一项不符合职位基本要求，就要立刻 pass 掉；对于硬性指标要求不是很严格的职位，可以结合招聘职位的具体要求，适当放宽硬性条件。

需要注意的是：

（1）看看简历上是否注明了大学教育的起止时间和专业类别；

（2）查看培训经历时，要重点关注专业培训、各种考证培训等情况，看看求职者所学的专业与培训内容是否对口。

2. 工作经历——与职位是否匹配

看具体的工作时间。看看人才的总工作时间、跳槽几次、转岗频率如何、每项工作持续了多长时间等。

看工作的稳定性怎样。看看求职者是否频繁跳槽或者转岗，跳槽原因是否合理。

看工作的连贯性怎样。看看求职者在工作时间的衔接上是否有较长的空白时间，并作好记录；同时，在面试过程中，也要关注人才的以下几个问题：

看工作的职位。工作期间，他是连续升职，还是有过降职。

看应聘者的工作内容、工作时间、专业能力与受教育专业是否相关。

看工作单位的性质、规模大小和所在行业能否与新单位相匹配。

看工作业绩。看看应聘者的个人成绩是否适度，是否与职位要求相匹配。

通过对工作经历的分析、解读，不仅可以看出人才所在行业、单位、岗位、工作内容是否与用人单位职位职责要求相匹配，还可以看出其专业能力、工作业绩、行为规范、职业化是否与用人单位要求相匹配。

3. 教育培训经历——与职位职责是否匹配

读人才简历要注意人才的教育培训情况，要查看如下几项内容。

看看参加工作后是否接受了新知识、新业务的后续培训，参加了什么样的培训、论坛或沙龙，学习了什么内容，等等；看看是否能跟上时代发展和职位的要求。

看看担任领导后的工作经历，比如所在团队规模的大小、人员整体素质、担任领导时间的长短等。如果某个人才长期没有接受新的业务知识，没有接受新的管理知识的学习培训，就很有可能被淘汰或落伍。

4. 工作单位——与企业文化是否匹配

读人才简历时，要注意人才过往企业的规模大小、实力强弱与现企业的匹配度，比如企业性质是否相同或相似、企业的管理文化是否相似等，从而把握文化的匹配度。

通常党政机关、事业单位、外企、国企、民企的企业文化是不同的，长期受一种企业文化的影响，突然进入一家新公司或处于另一种企业文化中，往往会很难适应。

5. 职务与福利待遇——与单位和职位是否匹配

要查看人才工作过的公司规模大小、所在行业等大致背景，并与用人单位情况进行比较。

要查看人才原职位及分管的工作内容，看能否与职位相匹配，看职位是不是人才喜欢的，看工作内容是不是人才喜欢的，看人才在职位上能否发挥作用。

看人才原来的福利待遇和对福利待遇的要求是否与现岗位相匹配，是否在用人单位规定或承受的范围内。

重点要看人才在原单位承担的工作职责及工作业绩与取得的薪酬是否一致,人才希望的薪酬与福利要求能否得到满足。

6. 工作业绩——与职位要求解决的主要问题是否匹配

读人才简历时,要注意人才过去工作经历中的主要业绩,看看新岗位的重点工作职责,或要解决的突出问题,或主要困难是否一致或相似,职业发展是否处在上升趋势。一般来说,企业都喜欢任用业绩好的人才,能力强且业绩好的人员也会不断得到提升。此外,还要看看获奖情况,对业绩好的或突出的员工,企业会给予奖励或表彰。

7. 自我评价——是否有自知之明

通过对简历上自我评价的解读,可以对人才有整体的了解和把握,可以对自我评价或描述做出判断,看看其是否适度、是否属实。

通过自我评价,可以看出人才的自我认识度,看出人才的特长、优势、经验和能力,看出人才的自我描述与工作经历描述是否相互矛盾。

以上这些就是通过简历可以了解的相关信息。

不仅如此,通过简历还可以查看以下几项内容。

1. 爱好和兴趣

很多人的简历中会放一些个人的兴趣爱好,这项内容虽然会一笔带过,但往往是很具有个人特征的。如果是爱好比较广泛的,往往好奇心较强;如果在兴趣爱好上有所建树的,往往比较有耐力。比如有些人在简历中会写钢琴多少级或者爱好旅游且游历过几十个国家，这些内容往往可以反映出不同的个性，可以在面试时做检验。

2. 个人特征

从简历上很容易看出一个人的年龄和籍贯，以及学习地和工作地，从而可以推断出很多个人特征。比如从学习到工作从来没有离开过家乡的，对于异地工作的接受度就要认真考察；年龄并不大却多次跳槽，从没有在一份工作上得到晋升，都是通过跳槽得到升职的，就要考虑其稳定性。

视频识人：通过面对面沟通，提高对人才的认识

在招聘高峰期，使用现场面试方式，往往会遇到很多无解的问题，比如：

会议室爆满，不能及时面试，影响到面试效率；

无法追溯面试过程，影响对求职者的判定，陪同面试效率又很低；

面试流程长，对于可靠求职者来说要来回奔波好多次，面试体验差；

……

利用视频面试，就能完美解决这些问题。一款好的视频面试系统，能帮HR大大提高面试效率。

2019年4月，黄先生在北京开了一家私人理发店，名叫"艳阳天"。为了

制造开门红效应，前三天给人们免费修剪头发。结果在开店的当天，就迎来了很多客人，店内店外都一派生机勃勃。

为了将自己的理发店宣传出去，黄先生将火热的场面拍了短视频，将新店面的景致都摄入镜头，上传到抖音。

同时，黄先生还在抖音上发布了招聘广告，有人向他发来自荐私信，同行也跟他互通信息，逐渐织成一张人脉网。当天他就面试了两名求职者。

漫游在短视频世界的游民，都有着超强的号召力。

通过拍摄短视频，为企业做广告，吸引更多人加入，也就成了企业招聘人才的主要渠道之一，有效缓解了"招工难"的问题。

短视频和招聘的结合，确实是一种合理的存在。从抖音到快手，都为招聘提供了最好的平台，只要合理使用，完全可以为人才的招聘添砖加瓦。

李女士在一家公司担任人事部主管，没事的时候喜欢拍短视频，有时也会将办公室日常拍成小视频，放在自己的短视频账号上。

2021年春节刚过，李女士就带领团队游走于各个招聘会现场，进行招聘。招聘现场非常火爆，李女士选取了几个片段发到了抖音上。与之对应的是，他们的展台前却人才寥寥，收到的简历也不多。

天气太冷，招聘效果不佳，李女士开始在抖音上发牢骚：品牌认知度低、求职者太少、薪资要求过高……结果，立刻就有一个应聘者私信她："我也在招聘会现场，你们公司太低调，看上去不酷。"

李女士思考之后，远离展台去看，跟其他公司的招聘形势比起来，自己这边的招聘形势确实差很多。然后，她安排员工快速改变策略，第二天果然收到了很多应聘简历。

短视频招聘是社交招聘的一种重要工具，在不断高涨的短视频热潮中，将招聘和短视频结合起来，自然也就成了近些年的时尚。

招聘和短视频共享的天然属性，使得二者能更好地融合社交需求、自我展示和高效的信息交流。在越发活跃的互联网招聘市场上，短视频确实更能吸引人。

那么，视频面试，面试人员应该注意些什么？

1. 实际能力与简历呈现的契合度

为了增强自己的竞争力，有些求职者书写简历时，会优化甚至夸大自己的能力。其实只要通过视频面试借助一两个小测试，在没有任何准备和外力的帮助下，就会让他们恢复本来面貌。

比如，借助简历上呈现的信息内容，通过视频对求职者进行提问和考察，看看他们能否直接将简历上的职业经历叙述完善，就能知道信息的真实性，从而确定他们是否在撒谎。

2. 职场礼仪和职业态度的展现

著名劳动力经济学家丹尼尔·荷马仕（Daniel Hamermesh）在论文《颜值与劳动力市场》中提到，从简历筛选到面试，求职者的颜值每时每刻都会影响着录用结果。因此,求职者一般都非常重视仪态或职业态度,面试时,他们也更在意端正自己的态度,更会将职场礼仪展示出来。如果求职者做到了这一点,就可以给他加分。

3. 举一反三、随机应变的能力

企业之间的竞争异常激烈,进行视频面试时,不仅要考察求职者与职位相关的专业能力,更要考量他们的应变能力。因为企业需要的不是"顽固者",只有善于应变的人才能解决问题,才能帮企业解决疑难杂症,才是企业真正需要的人才。

测评工具识人:通过综合分析,对人才做出判断

招聘是一场没有硝烟的攻防战,更是企业和人才的一场博弈。企业 HR 作为主攻方,都希望自己的招聘工具更犀利、更有效,能够招到理想的英才;而求职者则希望自己的履历更光鲜,能够在激烈的战争中取得胜利。为了不让 HR 打败自己,求职者都会全副武装,HR 要想识别有用之才自然就越来越难了。

想象一下:当你第一次去了一座城市时,做的第一件事是什么?过去人们可能会先买张地图,如今则会打开手机,查看该城市的地图,以此来确定自己的具体位置和前进方向。

人才测评就是企业招聘的"地图",即运用材料法(应聘材料)、访谈法、测验法、评价中心法等方法来对人才进行选拔,提高人才的筛选效果。这种方法因其使用率最高、使用方法最多、应用对象范围最广、操作最复杂,成为人才招聘中的重要环节。

现在越来越多的用人企业意识到,文凭只能证明求职者在某一方面取得的结果,不能客观全面地反映一个人的综合素质和综合能力。在简单、短暂的面试过程中,用人单位和求职者都不可避免地带有主观片面的一面。求职者很自然地要在面试过程中掩饰自身的不足与弱点,尽力展示自己优秀的一面。而企业也很难凭"一面之交"就断定求职者是不是合适的人选。而人才测评可以为招聘提供有效的辅助,帮助企业在实践中评价求职者的"岗位适合度"。

所谓人才测评就是综合利用心理学、管理学和人才学等学科知识,对求职者的能力、特点和行为进行客观评测。

在招聘场景中,人才测评也是一种有效的识人利器,可以为企业识人、选人、用人、育人、留人等提供帮助,具有客观、真实、高效的特点。

在人员招聘过程中,外资企业、政府机关、事业单位和大型国有企业等一般都会要求提供人才测评报告。招聘专员要学会利用现代测评工具,全面准确地解读人才。

1. 心理测验

所谓心理测验就是对求职者的行为样本进行测量,要点包括测量内容、实施过程和计分等。测量结果是统一的、客观的。

心理测试的内容如下。

（1）能力测试。包括普通能力测试和特殊职业测试。

普通能力测试。测试内容主要包括：思维能力、想象能力、记忆能力、推理能力、分析能力、数学能力、判断能力、语言能力等。

特殊职业测试。为了选拔具有从事某项职业的特殊潜能的人才，就要对特殊职业或职业群的能力进行测试。测试内容主要包括两类：心理运动能力测试和身体能力测试。

（2）兴趣测试。对求职者的兴趣进行测试，就能知道他们想做什么、喜欢做什么、最感兴趣的工作是什么、最满意的工作是什么。

（3）人格测试。人格测试的目的是了解求职者的人格特质。

2. 结构化面试

所谓结构化面试就是提前经过精心设计，在特定的环境、时间、地点和情境下，对应试者的知识、能力、素质等多方面进行考察，面试官要听其言、观其行、察其色、析其因、觉其征和推其质。

以语言和意义不明的体态动作为中介，就能推测出求职者的本质、素质、能力等特征。这种推断是必要的、可能的、可靠的、合理的，这也是结构化面试的要义。

大型企事业单位进行人才招聘，往往会用到结构化面试，具体方式是：面试官为各职位推荐3名以上求职者，企业领导和相关专家组成评委团，对人才进行结构化面试，评定一定的分数，然后再加上组织考核（或背景调查），提交给会议研究，最终确定。

结构化面试的评价要素主要包括以下方面。

（1）应变能力。遇到变化的情况和突发事件，应变能力强的人都能迅速做出反应，并采取适当方法和措施，将问题妥善解决掉。

（2）综合分析能力。综合分析能力强的求职者，只要对事物进行分析、归纳、概括、判断、推理，就能发现事物的内在联系、本质特征和变化规律。

（3）组织协调能力。组织协调能力强的人，能够围绕具体的工作任务，对人、财、物等资源进行合理配置，协调各方关系，促进工作的顺利完成。

（4）个性特征。如果应聘者气质绝佳、情绪稳定、有责任心、自信乐观、有成就动机、自我认知等，就可以录用。

（5）特殊能力。根据具体岗位的特殊要求，对求职者进行职位分析，最终确定是否录用。

（6）创新能力。具有创新能力的人，一般都能发现问题、解决问题；他们思路广，能够提出新观点、找到新方法。

（7）激励能力。具备激励能力的人，可以依据他人的行为活动规律，采取有效的方法，调动起他们的工作积极性。

（8）语言表达能力。语言表达能力强的人，都能清楚、流畅、准确地表达自己的思想和观点。

（9）人际沟通能力。善于沟通的人，都能跟他人进行情感交流、思想交流、观点交流，继而建立良好的协作关系。

（10）决策能力。无论是遇到问题，还是面临机遇，决策能力强的人都能

及时准确地进行分析和判断，并作出科学决断。

3. 笔试

笔试是一种采用纸笔测验的测评形式，是人才测评的工具之一，可以对应试者的知识广度、深度和知识结构进行测评。其特点是公平、简便、迅速，因而被广泛采用。

笔试采取统一命题、统一考试的方式，可以测试应试者是否具备胜任工作所必需的基本知识、基本素质，是否具有运用有关基本理论、基本知识、基本方法来分析解决工作中实际问题的能力。

笔试流程如下。

（1）确认身份。面试官对参考人员进行身份确认，检查应试者的身份证、准考证、座位号等，实行对号入座。

（2）宣布规则。面试官宣布笔试考务安排注意事项和考场纪律要求等。

（3）发考卷。面试官向应试者发放考卷和有关资料、材料。

（4）考生答题。应试者在给定时间内完成试卷答题。

（5）考官评卷。专家对考生的答卷进行评定。

（6）统分和归档。HR对面试官的评分进行核对，记分员统计笔试得分，并进行成绩汇总。之后，HR、记分员和监督员在《笔试成绩汇总表》上签字，并将所有记录存档。

选人小知识

正确对待频繁跳槽的求职者

在搜寻求职者的时候，总会遇到这样的情况：手边有一个专业、资历都不错的人选，但让 HR 感到不满意的是，他跳槽异常频繁。

根据以往的经验，HR 一般都会给这类求职者更多的关注，不过即使他们各方面的表现都很优秀，HR 也会将他们归入"不稳定的因子"。

这类求职者一般都定位模糊、人生规划缺失、不稳重、不敬业、忠诚度不高、沉稳度不够，即使招进公司，干不了两个月，也可能会跳槽。

遇到这样的求职者，HR 要平静地跟他们交流和沟通，努力还原他们频繁离职的原因，如果确定对方依然很浮躁，就要毫不犹豫的放弃。

第八章 招聘面试：通过面对面沟通，实现综合价值匹配

校园招聘的流程会影响人才到场

关于校园招聘，我们以阿里巴巴为例说明。

阿里巴巴的校招是按照区域划分的，南京、上海、北京、广州是主要阵地。

主要采用的招聘方式有三种。

网申：即在网上发布招聘信息，吸引人才投递简历，然后HR对简历进行筛选，找到合适的人才。

笔试：设置一些题目，内容涉及行业知识、岗位知识、个人能力、品质性格等，让求职者来回答。

面试预约：跟求职者约定一个时间，让他们来面试。地区不同，各个职位的面试时间也不同。

比如，阿里巴巴进行人才招聘时，会跟求职者约定好时间和地点。遇到突发情况，可以对预约时间和地点进行修改。

企业进行学校招聘，一般都比较规范，求职者可以随时查看自己的招聘状态。

再举个例子：

华为的校园招聘很专业，已经形成了自己的招聘模式：网申—笔试—群面—技术面—终面—Offer。

其中，笔试主要是对求职者专业知识和个人素质测试，可以了解求职者的专业知识和个人素质，包括智商、情商、个人素养等。试卷内容由人力资源部组织专人设计。

面试官一般都为人和蔼，即使面试进行到最后一轮，也不会让求职者感到太紧张。为了考察求职者的反应能力、看看他们会不会紧张害怕，面试官可能会傲慢地面对求职者，给求职者造成一定的压力。

校园招聘的面试程序共包括三个步骤：面试前、面试中和面试后。

1. 面试前的准备

面试前，要准备好资料，为后面的面试过程作准备。需要准备的资料有求职者的简历、本公司的介绍资料、职责要求、岗位的用人标准、求职者的素

质和能力等信息。

在正式面试前，面试官要检查下列工作是否安排妥当：

（1）具体流程是否完备，并为各流程作好准备；

（2）收集并审阅求职者的简历，了解求职者过去的工作表现和工作经历；

（3）复阅并确保需聘岗位的用人标准；

（4）估算考核素质和技能需要的时间；

（5）确定面试时间，确定面试小组成员；

（6）为求职者提供面试休息地点；

（7）安排机动时间，例如可以让求职者阅览公司文摘等时间；

（8）确定可能会影响到求职者的外部因素，例如家住得很远等；

（9）指定专人（或部门）来接待求职者，工作人员要知道自己的职责，要让求职者感到舒适，提高公司形象；

（10）让求职者提前收到应聘的通知，例如坐车路线、住宿、推荐的餐馆等；

（11）让求职者了解所聘岗位的具体情况和公司的各部门情况，包括企业文化、工作环境等。

2. 面试中的沟通

整个面谈过程可以分为五个阶段，即预备阶段、引入阶段、正题阶段、变换阶段、结束阶段。对于这几个阶段，要灵活掌握。

（1）预备阶段（开场白）。HR要主动跟求职者打招呼，将自己的姓名和职位告诉他；解释公式司招聘的目的；陈述面试的步骤；并告诉他，招聘过程会全程录像。

（2）引入阶段。了解求职者的基本情况：你在学校的时候参加过哪些课外活动和社会活动？你以前在哪家公司工作过，职责是什么？工作期间，你的岗位有无调换过？对于那个职位，你喜欢哪些方面，最不喜欢哪些方面？

（3）正题阶段。了解到求职者的基本情况后，要将话题转换到求职者的素质和能力方面，比如："我已经了解了你的基本情况。现在，我想再问你一些问题，了解你过去的某些经历……"

（4）变换阶段。了解了求职者的素质和能力后，HR要简单地介绍下公司和需聘岗位的情况。公司方面的，比如公司的用人政策，公司的企业文化，主要产品及销售额，公司和办公室的具体位置，公司主要取得了哪些成绩、市场占有率如何；需聘岗位方面的，比如该工作的主要职责是什么，是否需要出差、次数是多少，培训和发展的机会。

（5）结束阶段。了解到以上情况后，就可以结束面试。可以参考下面的方式来结束面试：问问求职者是否还有问题？跟求职者说明面试完后下一步要干什么。

3. 面试后的评估

面试后，要根据面试情况对求职者的素质和能力做出判断，写出评估意见。评估过程中应坚持以下几条原则。

（1）重要性原则。在面试过程中，可能会举一些例子来说明，这时候就要选择重要的事例作为评估对象。例如：为了说明自己具有分析能力，求职者

可能会讲述一个不错的案例，但这个案例还可以运用于另一个并不重要的情景中。这时候，就可以再让他举个例子。如果求职者在陈述第二个例子时，展现出来的分析思维能力非常糟糕，最终的评分就要以第二个实例为基础。

（2）相关性原则。如果求职者提供的案例与应聘岗位相关，更能说明他的工作能力。例如：在应聘销售岗位时，应聘者详细描述了自己参与过的一次社会活动，突出了自己的杰出创造性。面试者就要认真考虑该案例，多了解一些求职者在销售工作中的行为表现。

（3）新近性原则。求职者的最近的行为往往最能说明他将来的行为。例如：为了说明自己的能力，求职者不仅提供了一些以前做过的事情，还讲述了若干新的积极行为实例。HR在评分时，就要偏向于最新的实例。

（4）一致性原则。求职者所给出的实例是否前后一致，能说明实例的真实性。

"审核"与"吸引"求职者并重

为了挑选出合适的人才，多数企业都非常重视对求职者的面试考察，以便通过面对面的接触了解求职者的能力表现。

在招聘中，面试考核占有非常大的比重，是考察求职者关键能力的重要环节。然而在面试中，也要注意到，企业过于追求对求职者的考察，忽略了招聘的双向性，忽略了求职者也会在面试中"考察"企业是否值得加入。如果求职者觉得不值得加入企业，那么求职者虽然能在企业那里过了关，企业却会在求职者那里落选，招聘终究会失败。

企业考核求职者是一方面，相互吸引同样重要。求职者对企业的要求很高，在考核阶段，企业更应该重点吸引人才。

招聘求职者时，考核与吸引人才是最重要的原则。

通常情况下，面试官会根据企业的人才标准和需求去寻访人才。同人才进行沟通的时候，为了让人才跳槽到本企业，可以结合人才的个人发展来分析企业的优势和亮点，以便吸引人才。

作为企业更应该在内部打造自己，创造能够吸引人才的条件，然后在具体的考核阶段把优势、亮点拿出来，让求职者评判和感受，而不能偏废其一，只对求职者进行考核以判断求职者是否合适。

1. 考察求职者的核心竞争力

对求职者的核心竞争力的考察，主要侧重于以下几个方面的考察。

（1）抗压能力。主要考察内容包括：表现出持续的情绪弹性和承受压力的能力；处理困难的情况，同时维持正常的工作；必要时，跟他人寻求支持，并使用适当的应对技巧。

（2）决策能力。主要考察内容包括：根据收集和分析的信息做出正确的决策；在决定最适当的行动之前，考虑所有相关的事实和备选方案；对承诺作出决定。

（3）团队合作能力。主要考察内容包括：与人有效地互动，能够并愿意分享和接收信息；在团队内部和跨团队合作；支持团队决策，将团队目标置于

个人目标之上。

（4）计划和组织能力。主要考察内容包括：计划组织任务及工作职责，努力实现目标；设置优先级，安排活动；合理分配和使用资源。

（5）制定和践行工作标准能力。主要考察内容包括：制定和维护高性能标准；注重细节、准确性和完整性；关注工作的各个方面，并跟进工作成果。

（6）工作动机。主要考察内容包括：工作时，有精力和热情；承诺投入更多的努力；保持高水平的生产力和自我指导。

（7）适应性。主要考察内容包括：能够适应不断变化的工作环境、工作重点和组织需要；有效地应对变化和多样性。

（8）诚实正直。主要考察内容包括：共享完整和准确的信息；保持机密并履行自己的承诺；遵守公司的政策和程序。

（9）解决问题能力。主要考察内容包括：收集和整理所有相关信息，分析问题；确定因果关系；提出适当的解决方案。

（10）可靠性。主要考察内容包括：对工作表现负责；能够及时、一致地完成工作；坚持承诺。

（11）沟通能力。主要考察内容包括：能够有效地表达思想；适当地组织和传递信息；积极倾听。

2. 用招聘内容吸引求职者

要想引起求职者的关注，企业就要注意招聘内容的编写。

（1）清晰的面试程序作引导。明晰面试流程，可以减少咨询的时间，为面试官和求职者提供方便。因此，要思考以下几个问题：求职者看完招聘信息后，接下来要做什么？是通过邮箱投递简历，还是通过招聘网站申请？在招聘信息中，要对求职者进行明确的面试程序引导，为了提高求职者的求职积极性，最好让求职者感到这个职位急需优秀人才。

（2）福利待遇写全面。要想吸引人才，就要重视福利政策的描述。没在招聘广告中看到薪资的相关信息，多数求职者都不会投简历。因此，要写明月薪或年薪数额、执行标准、工休情况、是否解决住房、是否安排家属等。同时，对于每个职位的薪资待遇，还要注明一个大致的范围。

（3）完善的职位说明。对于各岗位的职责描述，都要精准，比如：该岗位的日常工作是什么？怎样融入团队？能给求职者带来哪些好处？……要尽量将岗位推销给求职者，吸引求职者来应聘，绝不能草草了事。

（4）明确对招聘对象的要求。比如，求职者的年龄、文化程度、工作经历、技术特长等方面的要求要写清楚。描述得越清楚，招聘工作越省事。

（5）企业描述与简介。要站在求职者的立场，告诉他们企业能为他们提供什么。比如工作环境、成长空间等。

合适的面试官才能招到合适的人才

面试工作是一个察人识人的过程，识别人才和庸才不仅是面试官拥有的最高能力，也是他们的必修课。可是，不少面试官都无法做到这一点。

李某非常优秀，从读书时代起就在学校叱咤风云，一毕业就进入世界500强企业，后来每一次跳槽都在名企供职。他为人热情，沟通能力非常强，遇事颇有独到的见解。可以说，将他的简历放在哪儿，都能让面试官眼前一亮。

一次，李某到一家公司面试，面试官同他进行了一小时的谈话，然后就没了下文。对于这样的结果，李某感到很意外。他托人找到这位面试人员，从对方口中得到的答案竟然是"不稳重，能说会道，但没有实际能力"。在很多人的印象中，这应该是李某第一次得到负面评价。

经过这件事情之后，李某每次参加面试都会提醒自己，准备的材料要全面而客观，不要错过好机会。

其实，对于企业来说，要想不让"千里马"流落在外，最好的手段就是培养一批识别"千里马"的"伯乐"。因为，在招聘中，与人才有着最直接、最亲密接触的人就是面试官，只要进行几十分钟的观察，他们就能判断人才是否符合标准。因此，打造面试官的素质和识人察人的能力显得尤为重要。

面试官是求职者认识公司的重要渠道，是公司的门面，其一举一动都关乎公司的形象以及是否能有效吸引到适合岗位的求职者。所以，面试官一定从自身做起，从点点滴滴做起，重视面试工作。

1. 重视着装

面试官代表的是公司的整体形象，求职者看到面试官的着装过于闲散或不整洁，就会对企业失去信任。所以，面试官在面试时，一定要注意自己的职业形象。

如果有统一的工装，则应该保持工装（衬衣、西装）干净平整，不得有脏污或褶皱；如果没有统一工装，则建议着正装（西装套装、衬衫、领带）或商务正装（休闲西装，不打领带即可）。

总之，着装要保持庄重、正式。

2. 理智判断

身为面试官，必须训练和培养客观分析与判断的能力，理智地去判断求职者的表述，排除求职者在非评价因素上的表现对整体评价产生的影响，不掺杂个人感情客观地对求职者进行评价。

不过，要做到这一点是很难的。因为面试官的身份首先是"人"，也就具有人的共性特质，即容易受感情的左右。比如，容易根据人们常说的"眼缘"判断对方：一见面就不喜欢对方，这样一来，可能不管听他说什么，都觉得是错误的；反之，则看着求职者处处顺眼，觉得他说什么都是对的。

影响面试官判断的因素很多，不仅有求职者的长相，还有求职者的声音、举止等。

3. 一视同仁

面试官应对求职者一视同仁，不论求职者的出身、背景如何，面试官都应尊重求职者，客观看待其所表现出的人格、能力和经历等。这是一个职业人应当具有的最基本的职业素养。

这种尊重表现在行为上则是谦和、平易、不卑不亢。面试时，目光要平视，不能由上至下地藐视；要使用礼貌用语，不能使用命令式语句；即使觉得求职者不太适合该岗位，也要走完基本面试流程，不能三言两语草草收场，让求职者感觉被冷落。

4. 亲和友善

求职者处于被选择的位置，心情或多或少都会有些紧张，面试官能够与求职者很快地形成友好轻松的交流氛围，求职者就能更真实地展示自己。因此，在态度上和表情上，面试官要尽可能地表现出开朗、亲和的姿态，让求职者愿意并能够将自己想说的话充分表达出来。

5. 了解政策

为了提高说服力，面试官不仅要了解公司的基本情况、部门职能、人力资源政策、薪资制度、员工福利政策等，还要清晰地向求职者说明这些情况以供求职者了解、判断或举疑。

选人小知识

招聘五步法

1. 选择合适的开场白

可以这样问："你好，请问是×××吗？我是××企业的HR×××，我看到你的简历，现在方便跟你简单沟通一下吗？"

如此，就能：

（1）确认对方身份，防止他人代听，尤其是被领导、同事代接听；

（2）告诉求职者："我是××企业的HR……"如此，对方基本上也就明白这个电话的来意了；

（3）告诉对方你是负责人，求职者就会觉得自己被重视；

（4）询问对方是否方便接听，求职者看到你考虑到了他的境况，自然会提升好感。

2. 说明简历来源，确认求职意向

（1）应聘者主动投递的简历。面试官可以这样问："我们收到了你的简历，应聘的是××岗位，你已经通过了我们的初步筛选。请问，你现在还在求职吗？"

（2）搜索到的求职者简历。面试官可以这样问："在智联招聘上，我看到了你的简历，你想找幼儿教师的工作，正好跟我们的岗位匹配，你现在还在求职吗？"

如此，就能：

（1）明确告知简历来源，增加信任感；

（2）告知对方已经通过简历筛选，有一定门槛，流程正规，引起重视。

3. 介绍岗位和公司信息，引导沟通

公司信息和岗位信息，可以这样问："你之前有了解过××公司吗？……××公司主要是做×××行业的，现在公司主要招聘的是××岗位，这个岗位的主要工作职责是……福利待遇、上班时间是……"

如此，就能：

（1）介绍公司背景、薪资、公司福利、岗位信息等，突出亮点；

（2）从应聘岗位的发展等引导，增强求职者对职位的好感，感受到这个职位带给他的利益和好处。

4.了解求职者的信息，解答求职者关注的问题

（1）了解。可以这样问：

"你之前都做过哪些工作？分别做了多长时间？"

"之前工作的具体内容是什么？业绩要求如何？你完成的情况怎样？"

"你大概是什么时间离职的？听起来工作还不错，为什么会考虑离职？"

"你之前没有做过这方面的工作，你觉得能胜任这份工作吗？"

"销售压力会比较大，可能每天都会加班，你能接受吗？"

（2）解答。对于求职者关注的其他问题，要认真回答。如此就能突出企业的优势，吸引求职者。

5.确认面试，预约面试时间和地点

可以这样说：

"明天上午10:00或下午14:00，你什么时候方便，过来我们面谈一下？"（等待回应）

"你的邮箱是××××吧？等下你看一下邮箱，里面会有一封我发给你的邮件，上面有面试时间、地点和行程路线……"

"你的手机号是微信号吗？如果方便，我加你一下微信，你有任何问题，都能随时跟我沟通。"

"如果你临时想变更面试时间，请提前告知，我们再协调时间安排。"

第九章 多方考察：利用互动，重视德、才、岗

德：从"德"入手，发现面试者的价值观

这里的"德"指的是价值观。

对于求职者的筛选，他们的价值观必须与企业的价值观一致，否则即使能力再强、再有天赋、经验再丰富，也不能录用。

价值观是一种隐形能力，很难被识别和察觉。同样，在现实的企业招聘中，价值观也最容易被面试官忽略。

那么，如何才能了解求职者的"德"呢？可以参考"三问"测评法。

1. 问求职者本人

在面试过程中，为了了解求职者的价值观，可以跟他们多交流一些，可以问询：

你之前工作过的企业，有没有企业文化？

原来的公司有没有确定有效的绩效考核机制？

原来的公司，员工收入结构如何？

你在原来的公司，适应吗？

通过这些问题，就能看出求职者能否适应本公司的企业文化和考核方式了。

例如1：

求职者说：我平时喜欢运动。

面试官问：喜欢哪种运动，最近一次运动是什么时候，为什么喜欢这项运动，可以分享一下吗？

这样，就能知道他是否真的喜欢运动。如果真的喜欢通过这样的提问也可以从运动频率上了解他对运动的喜欢的程度。

例如2：

求职者说：我平时喜欢读书。

面试官问：最近一个月你读的是哪些书，最喜欢哪本书？可以分享一下原因吗？

这样，就能知道他喜欢的书是哪种类型，通过看书的频率来验证他喜读书的程度究竟有多深。

当然，考察真实的价值观，需要专注在某一件特别具体的例子中。要让面试变成一种讨论。

例如：

你过去的每一次决策是如何确定的？

你是怎么获得资源来支撑你的决策？

你又是如何获得这些资源的？可靠性如何比较？

你在执行这项决策时，需要规划哪些流程？

你规划的流程与现有流程区别在哪里？

…………

2. 通过测评查看

采用专业测评机构的测评工具，或自行设计价值观评估问卷，让求职者进行自评，然后根据求职者的自评结果，也可以了解他们的价值观。

需要注意的是，在考核价值观的过程中，如果面试官使用了自己设计的测评问卷，就要根据企业比较看重的品质，有针对性地设计问题，引导求职者列举出具有说服力的过往经历，以免求职者为了迎合面试官而在所有选项后面都打"符合"。

以行动教育为例，招聘新员工时，行动教育最看重的是人才是否具有学

习力,那么,在面试过程中,面试官就可以针对价值观"实效第一"中的"持续创新"来进行提问,比如:

你每周一般会安排多长时间的专题学习?

在这段时间内,你是怎么做的?你的时间分别花在哪里?

你是通过什么渠道去学习的?

你学过的内容为你带来的最大改变是什么?为什么?

面试官要一直追问下去,才能有效地避免求职者蒙混过关。

那么,如何挑选测评工具呢?

(1)无论挑选何种测评工具,首先都要明确其目的和受众对象。测评是为了遴选,还是发展;是针对个人、团队,还是组织;受测者的学历情况如何,测试的时间周期如何;测试是否有移动平台,之前受测者作过何种类型的测试等。

(2)无论挑选任何测评工具,都要与实际工作需求的属性相匹配,至少要深刻了解目标岗位,最好能了解其组织的战略、文化、发展阶段、上级风格、下属风格等。比如:某人申请的是银行工作,要和数字打交道,重点应关注他的算术能力;招聘航空飞行员,测试求职者的空间意识更关键;测试空降的高层管理者,应重点关注其动机、价值观是否和公司文化相匹配;对于新任经理人,重点关注管理潜质等。

3. 通过他人咨询

人，具有一定的社会性，需要与他人打交道，因此要想了解求职者的"德"，就可以问问其他人。比如，做入职调查时可到"上家"同行那里去了解，或去学校了解，往往更能得到真实的"一手资料"。

在作入职调查的过程中，面试官不仅要询问求职者提供的联系人，还要掌握其他人对他的评价。对于核心关键岗位，面试官可以直接去求职者之前的单位调查，或约他之前的领导出来面谈。

一定要注意，新员工入职前的背景调查非常重要，为了最大限度地避免因价值观问题而带来的麻烦，在现实的招聘过程中，就不能忽略了这一步。

员工入职背景调查的内容包括哪些?

1. 基本信息

基本信息主要包括：求职者的身份信息、教育背景、工作经历、离职原因、刑事犯罪记录等。

对于一些专业岗位，比如计算机类岗位，还要对求职者提供的专业资格证书进行验证。

如果招聘的是技术人员，为了避免出现商业间谍，还要调查一下，看看求职者为何会从上家企业离职。

2. 侧重点

根据岗位和职位的不同，背景调查也有各自不同的侧重点。

（1）基层员工和毕业生。重点验证包括学历在内的基本信息。

（2）中高层管理岗位。注重职业素养的考察。如专业能力、管理能力、沟通技巧、向上管理和向下管理的能力，以及过往的工作经历。

3. 关键人

背景调查主要是针对求职者此前的职业经历所做的。若对此作调查，可以找到求职者前公司里有几个关键人，他们提供的信息对于求职者的评价非常关键。

（1）前老板。这里指的是求职者的前任老板，可以让他对求职者过去的工作能力和专业水平作出评价。

（2）前公司的HR。可以让前公司的HR对求职者之前的绩效表现、工作考核评定给出意见，作为参考。

（3）前同事。企业进行360°的背景调查时，可以看看求职者前公司平级的前同事或下属对求职者是如何评价的。

当然，这里的"前公司"并不仅限于前一家公司，因此所找的每类关键人也不止一人。

才：从"才"入手，发现面试者必备的能力

这里的"才"指的是必备能力，不仅是指求职者能胜任岗位的特长和优

势，还包括他本身的天赋和潜力。根据这些能力，面试官就能判断求职者究竟是不是企业需要的人才。

在用人的过程中，要始终强调"以终为始"和"用人所长"；而一个人持续时间最长的"长"，就是他的优势、特长和天赋。

研究证实，天赋带给人的某方面能力，将超越1万人的平均能力。也就是说，作为企业管理者，如果能发现或激发人才某一方面的天赋，就找到了在这一方面能超越1万人的人才。

用能力测试考察求职者：

（1）谈话。面试官可以提问一些挑战性的问题，了解求职者回答问题时的现场反应和思辨能力。

在公开答辩环节，为了判断求职者的综合思辨能力，针对该岗位，某集团总裁现场询问了下列几个问题。

问题1：如果你应聘成功，当了部门经理，为了提高团队的凝聚力，你打算如何做？

问题2：如果这次竞聘成功，你当了某部门的负责人，为了做好自己的工作，会如何发挥自己的优势？如果竞争不上，又会如何对待？

问题3：在某项工作中，如果与公司总经理发生了意见分歧，你会如何处理？

对于这些问题，应聘者都作了回答。公司总裁也了解了应聘者的逻辑思维能力、现场应变能力和创新能力，然后给出了最终得分。

（2）试卷考核。可通过两种方式来进行试卷考核。

①书面测评。这类题目一般由人资部门来拟定，主要考核求职者的语言理解能力、数字运算能力、逻辑推理能力、英语水平、计算机技术水平等常识。比如：对于应聘统计岗位的人员可以重点考察他们的基本运算能力、计算机技术水平、逻辑推理能力、观察能力、应变能力等；对于图书编辑则要侧重语言理解、文字表达、创新思维等方面的考察。

下面是某企业测试题库的一部分：

——在你口袋里装有一个火柴盒，里面只有一根火柴。在一个伸手不见五指的夜晚，你走进一个房间，房间里有蜡烛、煤油灯和煤气灶，你会先点燃什么？

——在一张桌子上，燃烧着10支蜡烛。一阵风吹来，将其中的两支吹灭了；过了一会儿，又有一支蜡烛熄灭。为了不让风吹进来，你可以将窗户关上，其余的蜡烛再也不会被风吹灭。你觉得，最后会剩下几支蜡烛？

②个性笔迹分析。在员工招聘、选拔过程中，以书写字迹分析为基础，也可以了解求职者的个性特征和心理素质，以此预测求职者将来可能达成的业绩。因为笔迹是潜意识的直接流露，能反映人的个性和内在。个性笔迹分析是心理投射技术的一个分支。

看笔迹主要看两方面：一是看字体全局、气势和运笔走势，二是看笔迹字形。通过这两方面了解写字者的性格信息。

（3）实操测评。这里面常用的有三种方法，即实际操作法、情景模拟法和问卷调查法。如表 9-1 所示。

表 9-1 实操测评的三种方法

方法	说明
实际操作法	这个主要是对求职者在掌握理论基础上的进一步测评。比如：应聘计算机程序人员，就可以让其上机针对一个流程，只要操作编制一个程序，就可以知道其能力情况了。如果是设备操作工，只要他上机操作一下，就能看出究竟练过没练过
情景模拟法	分为公文处理模拟测试法、无领导小组讨论法和商业游戏或角色扮演法。从某种意义上来说，通过这种方式给求职者布置工作任务，分配一定的资源，由其组织来完成，并根据完成情况进行评价，就能将效果彰显出来
问卷调查法	对个人能力的测试，也可以采用问卷调查的方式，但有时候也会由于不能客观填写，让面试官产生误判。因此，需要先由个人填，再由面试官逐项进行沟通和调整

通过本过程进行控制，就能对求职者的情况有个细致的了解，但容易产生误判。

HR 该如何衡量求职者的能力？

1. 学力

学力，往往能体现一个人的学习能力和转化能力。在面试的过程中，面试官可以从求职者的简历中得知这方面的内容。比如，求职者毕业于什么学校、学的是什么专业、接受过哪些培训、得过哪些嘉奖、取得过哪些成绩等。

除了简历上明确列出的内容外，面试官也可以通过提问和引导去了解更多内容，作出下一步的判断。比如，可以这样问：

在上一份工作中，你最大的收获是什么，你学到了哪些以前不具备的知识？你是如何学到的？

对于现在应聘的这份工作，你认为自己最需要学习的是什么？你打算怎么学习？

根据求职者的回答做出判断，如果得出的结论是求职者的学习愿望强烈、学习能力绝佳，就表明他对学习感兴趣、已经有了一定的知识积累，具有岗位所需要的优势、特长和天赋。

2. 资历

资历，就是人才过去的工作经历。

在现实的招聘过程中，面试官要关注那些在一个岗位上做了很久的人。因为在一个岗位上扎根多年的人就会有更多的积累，更熟悉这份工作，更热爱这份职业。这类人往往更容易拥有与职业和岗位匹配的优势、特长和天赋，更容易成为该领域的专家。因此，面试求职者时，除了看求职者的简历，还可以问这样几个问题：

你的这份工作做了多长时间？你热爱它吗？怎么体现你的热爱？

你说你热爱，而热爱的背后意味着时间投入，那么，你每天会花费多长时间在这份工作上？有没有废寝忘食？有没有达到痴迷？

记住，真正在某方面具有优势、特长或天赋的专家，一定是该领域的痴迷者和深耕者。

3.能力

衡量求职者是否跟岗位相匹配，最后一个标准是看他的专业能力如何。比如，为了对求职者进行实操考核和测试，可以给他布置一个与面试岗位相关的工作任务，由他自己制订工作方案，并确定完成任务的具体动作、方法和时间。

通常，面试官给人才布置的工作任务还会比实际的工作任务更重。接到任务后，人才就要制订具体的招聘方案，比如，去哪里找招聘渠道、采用什么招聘方法、人才什么时候到岗、预计留存率为多少等。从这个招聘计划中，面试官就能大致判断人才的专业能力。

如果他的方案做得不好，这意味着面试结束了，他也会失去最终的机会。如果他的方案做得不错，又要分两种情况：如果面试他的是低级的面试官，他就通过了面试；如果面试他的是更高级别的面试官，他的情况还要由面试官做成提案，递交人才委员会，并由人才委员会对其进行最终的集体面试。

岗：从"岗"入手，判断面试者的工作绩效

顾名思义，这里的"岗"指的是岗位，比如销售岗位、生产岗位、招聘

岗位等。对于具体的岗位，就要对求职者的工作绩效进行考察。

需要强调的是，关键绩效指标KPI是由具体的岗位成果来判断的，这也就决定了不同工种的KPI并不相同。比如，销售部门的员工KPI应该是销售业绩，生产部门的员工KPI应该是生产规模，人力资源部门的员工KPI应该是人才的招聘、管理与品质培养。

此外，企业在建立岗位标准时，设定的岗位KPI必须是可量化的、具体的。比如，企业要招聘培训官，培训官的主要职责是通过培训去帮助员工提升绩效。那么，在建立这一岗位的岗位标准时，制定的岗位KPI就应该是在规定的时间内组织多少场培训、培训考试的合格率等可量化指标。总之，岗位KPI必须是一个可量化的、具体的指标，不能太笼统。

下面以具体的业务部门岗位KPI制定为例。

1. 指标分解

根据业务部门的关键绩效指标自上而下将指标分解到人。比如：

（1）公司总经理，公司整体期望、关键业绩指标、关键管理指标；

（2）业务部门副总，关键业绩指标、关键管理指标；

（3）业务分布负责人，关键业绩指标、关键管理指标；

（4）业务小组负责人，关键业绩指标、关键管理指标。

2. 分解和确定目标的流程

分解和确定目标本就是一个互动的过程，既然是互动，就有质询和讨论。这个流程虽然简单，但也有一定的必要性，完全可以根据业绩指标的分解，看一看具体流程中的关键点。

在整个流程中，对于关键假设的讨论达成一致，是整个流程的核心。因为不论基于任何理由，没有经过讨论，后期都可能产生不必要的矛盾；而如果不能达成一致，发约人和受约人的方向不同，合力必然减小，最后即使签署了业绩合同，也基本不太可能达成最终目标。因此，跟相关的领导、工作人员讨论是一个重要步骤。当然，仅在讨论中发现问题还远远不够，必须在讨论中提出解决问题的方案。

3. 绩效指标沟通讨论会

在讨论和达成一致的过程中，会议的形式比较适合。在绩效指标沟通讨论会议中，通过上下坦诚的谈判，最终确定各层面的目标，是会议的根本目的。因此，在计划和组织该类型会议时，需要积极引导。

如果在讨论中发现某一些指标并未层层分解，该怎么呢？必须层层分解，列出这些指标，找到并制定出涉及的流程和工作，寻找相关的部门来承担该指标。

通常，未能层层分解的指标都是非业务指标，所以需要寻找的相关部门一般都是相关的职能部门，这是一个处理经验的问题。比如，某指标跟多个部门有关，但是责任划分不明确，该如何处理呢？可以对权重进行横向比较，用大权重明确主要责任，用小权重明确次要责任。

4. KPI指标分解的原则

在具体沟通中，讨论如何具体分解KPI到部门、到个人，需要注意三个

实操性的原则。

（1）如果下属部门能帮助领导分担一定的指标，就要对业绩进行激励。

（2）指标要具有较强的可测性，各部门方便收集数据，相关部门也可方便地进行计算。

（3）将该指标分解后，部门员工有能力控制，即指标与该部门工作密切相关，不会超出人员的能力范围。

5. 指标权重、KPI 计算和数据来源

（1）指标的权重设定。要想确定各指标权重，就要根据工作性质和内容进行调整。

（2）KPI 的计算和数据来源。计算公式尽量不要太复杂，能直接提取数据为宜；如果有计算，最好控制在三个运算流转。在数据来源方面，来源于财务部门的数据往往最全面；在财务部门无法提供数据时，必须到该数据对应的具体岗位去获得。

选人小知识

不要陷入招聘途中的那些"坑"

在不断地与求职者接触以及对新入职员工的持续考察中，发现了一些"坑"。这里对选人过程中的一些"坑"进行了简单的梳理和总结。

（1）频繁跳槽。如果求职者存在 3 年 2 跳或 5 年 3 跳的情况，其忠诚度和稳定性要画问号；如果求职者近两段工作经历时间较短，也说明其职业规划和职业目标不是很清晰。

（2）学历水平较低。这里并不存在歧视。学历水平确实能在一定程度上反映个人的学习能力，对于核心岗位，要尽量选聘全日制本科及以上学历的求职者。

（3）公司加班情况。如果求职者询问公司的加班情况，至少说明求职者对加班比较在意，如果现有业务需要加班加点，要慎重考虑。

（4）期望值偏高。如果求职者要求薪酬涨幅在30%以上，就有点高了。当然，对于高端职位，一定程度的薪酬溢价也是可以理解的。

（5）薪酬水平太低。薪酬水平一定程度上能反映求职者的能力水平。如果求职者原单位薪资较低，则要对其能力水平画问号。

（6）过往绩效考核结果一般。通过求职者过去的绩效考核结果，了解其成就动机，对其未来业绩情况进行预测。

（7）不像团队的人。通过"闻味道"，判断求职者是否符合团队气质，是否愿意与HR"做朋友"。

（8）不认同或对业务方向不感兴趣。创业期间的选人标准，要关注求职者是否认同业务方向。

（9）高端、优秀的求职者。虽然企业确实需要这类人才，但要加强背景调查，预防履历造假。

（10）面试人员存在分歧。企业和应聘者没有达成一致的录用意见，要慎重考虑录用。

第十章 背景调查：了解人才过往，用人才能放心

背景调查，揭开求职者最后一层面纱

现实中，很多求职者都存在学历造假、捏造工作经历等职业道德问题，一不小心，企业就会将这些求职者招募进来。一旦将这些人安排在重要岗位上，轻则不能胜任岗位工作，重则会让企业蒙受重大经济和信誉损失。因此，企业一定要炼就一双慧眼。

为了保证招募的人员符合企业需求，也为了降低用人风险，完全可以对人才进行背景调查。

一次，人事部周经理进行招聘，面试一位应聘行政部门负责人的求职者。面试中求职者表现得很好，问题回答得不仅合理，而且最贴近公司的行事风格。

后来，周经理对他进行了背景调查，结果发现，这位求职者和另一个部门的负责人曾任职于同一家公司，两人关系很好，这次面试那位部门负责人帮了不少忙。如此，那位求职者才作足了准备，有了面试的出色表现。

为了找到最正确的人，周经理和求职者进行了沟通，结果发现这位求职者的沟通能力并不如最开始那般。认真思考之后，便决定不再录用该人。

在应聘中，有的求职者为了博得面试官的好感，或者为了匹配岗位需求，会故意隐藏自己的真实性格；有的求职者原本就存在欺骗行为，篡改工作经验和职位……这类求职者通常都能在面试中蒙混过关。为了避免用人错误，一定要对求职者进行背景调查。

对于企业来说，对求职者进行背景调查，就能触及求职者最真实的面目，揭开求职者的最后一层面纱，实现求职者、工作岗位和企业的最佳匹配。

所谓对求职者背景调查，就是在面试求职者的同时，对他们的基本信息进行调查核实。为了不让企业的投入付诸东流，规避用人风险，就要对员工提出这样的要求：履历属实、业绩属实、无雇佣风险。通过背景调查，就能从多方面对员工信息进行核实，最大限度地确认求职者信息的准确度，继而对求职者的信用作出判断，选出最可靠的人选。

1. 背景调查的内容

对求职者背景的调查，主要侧重以下几个内容。

（1）求职者身份的真实性。有的求职者使用伪造的身份信息或冒用他人的身份信息来应聘，企业实际招到的人与后期上社保、公积金的人员不一致，一旦后续发生工伤赔偿等问题，就会陷入被动地位。为了遏制这种现象的出现，就要对员工身份的真实性进行调查。调查方法如下：让求职者提供户口本，与身份证信息进行比对；对于当地员工，可以委托律师到各区的人口服务管理中心去打印个人信息。

（2）求职者工作经历的真实性。丰富的工作经验、能否胜任工作、是否从事过该岗位工作、工作状况如何，都是企业决定是否录用的重要因素。调查方法如下：到社保机构查询曾为员工缴纳过社保的企业和时间；去求职者的"老东家"进行调查；让求职者提供原企业解除劳动关系的证明。

（3）求职者学历、学位的真实性。求职者提供虚假的学历、学位证书，这样的人一旦录用，企业即使花费再高的成本，也无法录用到真正胜任工作的人。调查方法如下：可以通过中国高等教育学生信息网（学信网）进行学历真实性的调查；如果招聘岗位非常重要，可以去求职者的毕业院校进行调查核实。

（4）求职者职称证件的真实性。对于某些特殊行业，需要员工具有某种资质。比如教育行业，需要具备教师资格证、普通话等级证，缺少这类资质，最好不要录用。调查方法如下：通过证书颁发单位进行核实；向注册单位进行核实。

（5）求职者有无犯罪记录。企业一般都不愿意招有犯罪记录的人员。调查方法如下：让求职者提供无刑事犯罪证明。

（6）求职者的信用记录。企业需要讲诚信的员工，只能给讲诚信的人员委以重任。调查方法如下：通过中国人民征信中心网站查询，网址：http：//

www.pbccrc.org.cn。

（7）求职者的诉讼记录（包括仲裁记录）。可通过中国裁判文书网（网址：http：//wenshu.court.gov.cn）或无讼案例网（网址：https：//www.itslaw.com），查询求职者是否有过仲裁或诉讼的记录。

2. 背景调查的注意事项

背景调查操作不当，不仅会损害到求职者利益，还会影响企业形象。因此，背景调查时，要注意以下几点。

（1）确定背景调查的重点内容。比如：具体的工作时间、在工作中承担的角色、工作的真实业绩等。可重点对求职者最近两份工作进行了解，如果对方哪份工作的从业时间都不长就要对其心态打个问号；如果求职者受雇的公司比较多，可以重点调查其5年内的工作经历。

（2）不要盲目，要得到求职者的允许。背景调查可能会触犯求职者的隐私，为了互相全面了解，获得合作的机会，在做背景调查之前，首先要征得求职者的允许和理解，签订一份《背景调查授权书》。

（3）不去求职者未离职的单位进行调查。求职者还没有离职，向他所在的公司了解情况，会给求职者的工作带来不便。因此，不要贸然对求职者正在受雇的公司进行背景调查。

（4）不能敷衍，背景调查要彻底而全面。背景调查不能草草了事，要系统全面。先要制订一个调查计划，确定调查内容和调查方式；然后再通过正式渠道展开调查。

（5）调查时，要把握重点，礼貌提问。调查人员作背景调查时，要简单地做自我介绍；要待人礼貌、语言得体；要考虑信息提供者的时间，抓住重点，如果对方时间有限，就不要面面俱到。

（6）得到了结果，也要谨慎使用。通过背景调查得到的情况，既有客观的，也有主观性较强的，比如性格。在决定是否录用时，要慎用这些调查结果，要给求职者解释的机会。

3. 背景调查的时间

通常，正常合理的背景调查时间是面试后发录用通知书之前，一旦背景调查不合格，就可以直接拒绝录用。如果入职后再作背景调查，一旦发现问题，会给公司带来不必要的麻烦，引发劳动纠纷。

当然，也可以在第一轮面试中开展背景调查，或者在试用期开始背景调查，公司可以根据具体情况自行设定。

用正确的方法与证明人交流，挖出更多真实信息

在招聘中，背景调查也是一门学问，操作不当，既会损害求职者的利益，也会影响公司的企业形象。

为了避免主观因素的影响，让背景调查的结果更客观，在作背景调查时，就要找到证明人，了解更多的关于求职者的信息。比如，可以找原单位的人力

资源部门、上级主管、同事和客户等。

可是，有时候即使找对了证明人，也不能从证明人那里挖出有关求职者的真实信息；甚至同证明人沟通的时候，背景调查人员会在一开始就碰一鼻子灰，后面的工作更难开展。其实，这也是人之常情，需要正确面对。看到有人来询问已经离职员工的信息，人们一般都会心存防御，三缄其口。

为了避免这种尴尬，为了让证明人作出公正客观的评价，背景调查人员在一开始就要表明自己的身份、目的和求职者应聘的行业、岗位；同时，还要告诉对方，你们之间的对话内容绝对保密。记住，只有诚恳告知，才能让证明人卸下心理防线，愿意与调查人员沟通。

不过，即使证明人愿意与调查人员沟通，也并不意味着能够提供真实的信息。原因在于，背景调查的证明人一般由求职者提供，很多时候求职者和证明人已事先打好招呼。而且多数人都喜欢充当好人的角色，觉得在背后评论他人是一件极度不光彩的事情，尤其是对一个已经离开公司的员工，更不愿意作过多的评价，更何况是负面评价。所以，企业针对求职者作背景调查的时候，如果对方是求职者原公司的老总或同事，对方给出的答案是"还不错"，这已经给足了求职者面子。不过这样的答案会让调查人员感到很无奈，因为"还不错"太过笼统，意思等同于"我不知道"。

下面是某公司对一位部门总监的背景调查经过：

几个人兴致勃勃地来到求职者曾经任职的公司，向求职者曾经的直属上司进行询问，问了几个问题，得到的都是"挺好的""不错""很好"等答案；

跟一起共事的同事了解情况，给出的也是诸如此类的答案。

几个人感到很无语，为了不对那家公司的工作造成影响，很快结束了求职者的背景调查工作。幸亏他们有足够的自信确定那位求职者各方面都是最合适的人选，否则确实会给企业带来很大的用人风险。

在背景调查中，如何同证明人进行有效的沟通，挖掘出求职者的真实信息呢？通常，类似于"某某在你公司工作得怎样"的问题，很容易让证明人提供敷衍的"很不错"答案，因此这类问题绝对不要提。而对求职者的工作情况、具体表现等，一定要提问，但可以换一种提问方式，比如："你认为某某在管理方面有没有什么有效的措施？如果满分是100分，你会给他打几分？""你给他打80分，那么其余的20分有哪些做得不好的地方？"面对这样的提问，证明人则没办法用"还不错"来回答。

现实中，背景调查无法起到有效作用的一个原因在于，很多企业要求求职者列出证明人时，缺少清晰明确的体系，面试官最终得到的只是求职者好友的联络方式。既然是好友，自然就会这样说："他当然是最棒的！人不错，工作能力也很强……"因此，为了从背景调查中获得最大回报，就要找到最值得交谈的证明人。

同时，面试官还可以请求职者帮忙安排与证明人见面。如果求职者和证明人很熟悉，而证明人也很愿意帮忙，就能对其过往表现进行深入了解。一般来说，合适的证明人中应该包括求职者的前任直接上级和前公司的HR。联系到合适的证明人，面试官应该提问哪些问题呢？

1. 对于这个职位，希望求职者能够具备哪些技能

这是一个非常关键的问题。通过这个问题，面试官就有机会获得第三方对于当前职位所需的求职者潜在技能的评判。

2. 求职者的沟通能力如何，是否愿意聆听

如果证明人表示，求职者的沟通能力很强，就请证明人举出一个例子；如果提到的是聆听能力，同样如此。当然，面试官也可以考察其他软技能。

3. 面试官和求职者是如何共事的

面试官应当了解，求职者和前主管或前经理是何时开始共事的，在一起工作了多长时间，求职者的职位和职责如何。此外，还要搞清楚求职者和证明人关系如何。

4. 求职者有过哪些突出业绩

知道求职者曾取得过哪些突出成绩，就能了解求职者具备的素质和技能。

5. 求职者在过去的公司是否晋升过

如果求职者在原公司曾经得到晋升，会大大增强他的求职竞争力；如果没有，面试官就要询问他没有获晋升的原因，比如没有职位空缺、内部晋升竞争激烈、缺乏某些技能等。

6. 求职者最大的优点是什么

该问题的答案，不仅可以把面试官对求职者的印象和曾经与求职者

共事的人士对他的印象联系起来，还可以验证求职者的自身评价是否客观。

7. 入职后的最初 90 天内，他是否需要额外帮助

之所以要提出这一问题，目的有两个。一是可以让面试官知道如何帮助求职者在新职位中取得成功，确认求职者是不是可塑之才。二是可以让面试官判断是否要慎重考虑让求职者加入团队。比如，如果求职者的前老板说，求职者可能需要参加一些情绪管理课程。面试官可能应该尽早结束面试，转而去考察下一个求职者了，因为这代表了求职者前老板认为其情绪不稳定。

8. 求职者为什么离开原公司

这是另一个开放性问题，从中可以了解求职者真正的离职原因，是主动离职还是被动离职，判断求职者未来在新工作上是否适应，还可以验证求职者在求职时说的离职理由是否属实。

不同职级、岗位的求职者，该如何做背景信息核实

现在，背景调查受到了更多企业的重视，但是由于普及度不足，部分企业依然对求职者采取"一刀切"的背景调查，即对所有职级和岗位的求职者都采用统一的背景调查标准，或核查同一项内容。由此，得到的结果怎么会

准确？

背景调查是招聘的最后一道"防火墙"，能为企业提供有力的人才保障，HR一定要重视。

针对人才背景调查的应用场景，主要有以下三种"特别"情况。

1. 不同岗位的求职者，采用不同的信息核查办法

对于不同岗位的求职者，要采用不同的信息核查办法。千篇一律地使用同样的方法，只能得到错误的信息，继而影响到后续的工作。举个例子：

曾有一家公司进行人员招聘，为了保险起见，还对应聘财务、销售两个总监级别的求职者进行了背景调查，调查结果很好，最终录取了两人。

可是，销售总监入职不到一个月，老板就发现他存在能力不足、团队氛围差等问题。公司高层召开会议商议后，不得不解雇了这个人。

招错了人，人事主管不仅挨了领导批评，还扣了当月的奖金。人事主管虽然心有不甘，但自认问题出在人事部门，便进行了反思。

认真思考后，人事主管发现，对销售总监进行背景调查时，他们并没有依据岗位性质设计背景调查项目，仅仅对求职者陈述的资料简单地进行了比对，没有深入调查，忽视了对求职者做销售总监工作表现的背景调查，也就无法准确判断求职者是否胜任岗位工作，能否满足岗位需求，自然人事工作的结果就费力不讨好了。

2. 职级高的求职者要做背景调查，基层员工也要做

有家公司为了对求职者进行背景调查，为求职者定制了背景调查套餐。但是，人事部却在级别上出现了分歧，认为中高层求职者自身素质相对较高，只要进行简单核实即可，并不需要专业的背景调查；而基层员工自身素质相对较低，可以进行全员背景调查。

下属觉得这样做不妥，但人事部经理依然坚持，结果，录用了一名有违规违纪记录的技术主管。入职半个月后，这个人就故技重演，不仅导致机器停运，员工受伤，公司还因交货迟误而交付了巨额赔偿金。

在背景调查过程中，不对不同职级求职者的背景进行重点调查，不仅无法达到筛选人才的目的，还会额外增加人力成本，增加企业的经营风险。正确的做法是，根据职级和岗位的差异性，设置具体的背景调查项目与维度，不能"一刀切"。

（1）基层求职者。对于基层员工的背景调查，主要是对基本信息进行核查，比如身份信息、教育背景、不良记录等。当然，根据行业特征，也要有所区分，比如，金融行业，要看看求职者有无金融违规记录；地产行业，要看看求职者有没有上了监管黑名单等。

（2）中高层求职者。对于中高层管理者的背景调查，不仅要核查基础信息，还要针对求职者的岗位胜任力设计严谨、科学的访谈问题，然后参考证明人的介绍，进行逻辑验证，正确做出判断。

（3）核心敏感岗位求职者。通常，会计、出纳、投资、法务、高级工程师等岗位，会涉及企业核心机密，招聘此类人才时，更要非常谨慎。除此之外，司机、秘书、助理、保镖等职位虽然普通，但也能接触到大量的敏感信息，进行背景调查时，也要全面一些、深入一些。

不同职级、岗位的背景调查范围和深度不一样，HR要根据具体情况进行"个性化定制"。

（1）工作履历。与求职者前企业HR部门或直属主管进行交谈，核实求职者的任离职时间、职位名称、薪资待遇、主管姓名、主管职位、离职原因，有无违纪违规、竞业限制、劳动纠纷等。

（2）工作评价。对求职者的前企业的上级、同事、下属等进行多维度访谈，从"德""能""勤""绩"四个角度，对求职者过往的真实工作表现和工作能力进行核实。

（3）基础信息。主要内容包括：身份信息核查、教育背景核查、工商注册核查、个人风险核查、诉讼记录核查、信用记录核查等。

3. 自主背景调查 or 第三方背景调查

很多企业自己进行背景调查，存在内容不完整、渠道不完全、流程不规范、技能非专业、结果滞后等问题，而依靠专业的第三方背景调查机构，就能准确地得到相关信息，更能科学、全面、客观地识别人才。

此外，第三方背景调查机构还能通过各种正常的、符合法律法规的方法

和途径，获得求职者的背景资料，能有效地保护求职者的信息，减少基于虚假信息所作的错误选择和判断。

选人小知识

招聘选人中的实用技术

招聘选人时，要尽量在可用的范围内，识别出有缺点的人才并判断是否可以教育纠正，可以使用以下几项技术。

（1）心理投射技术。具体操作方法是，在填写资料的时候，让求职者自画像或画房子、画树等，然后根据这种心理投射规则进行识别。原则上，策划型人才的自画像，往往只画一个头；职能型人才的自画像，画全身的比较多；技术性人才的自画像，半数以上画的是键盘、电脑或侧面；销售型人才的自画像，重点看其画的手和脚有没有细节。

（2）年龄同比测试技术。具体举个例子，跟"90后"员工沟通，如果对方是上海人，家里拆迁后得到几套房子，这是一个层次的要求；如果对方是外地来上海打拼的，要求就又不同了。比如，招聘行政前台，如果都是上海姑娘，都是开宝马、奥迪、奔驰来上班的，对她们的要求，自然就不会等同于那些拼命奋斗的销售员的工作要求。

（3）侧面沟通技术。具体操作方法是，与求职者就其家庭、故乡、成长过程等相关的某一事件进行深入沟通，了解其处理以往事件的思维定式。

第十一章 "绝对"说服：掌握技巧，说服其实很简单

采取正确的步骤和时机，才能吸引更多人才

创业初期，雷军找到7个能力超强的合伙人，这段故事曾一度被传为佳话。这是雷军敢于投入、正确投入，才找到了合适的合作伙伴，让企业保持了强大的生命力。

找人，是所有公司都会遇到的难题。特别是早期的核心人才，更需要企业下大功夫寻找。那么，对于一个创业型或一个亟待发展的企业来说，好不容易在茫茫人海中发现了与企业发展相匹配的求职者，该如何说服他们认可自己的企业，并成为企业中的一员呢？

找到一个合适的求职者，发出Offer，不要觉得一切搞定了。因为很多求职者会犹豫不决或者干脆拒绝。那么，如何说服求职者接受你们公司的邀请呢？

（1）如果求职者对你给出的职位犹豫或拒绝，可以问一下原因。如果是

因为不满意薪资，而求职者又特别符合公司岗位，你又不想错过，就可以和求职者协商工资；如果公司条件不够，就和求职者谈给予的发展平台或尊重、价值观、理想等情怀，有些人对精神层面的东西也很感兴趣。

（2）如果公司名气不大，求职者不知道你的公司靠不靠谱，就要打消他们的顾虑。用具体数据和实例来告诉求职者，公司的创始人有什么背景、公司的商业模式、公司所做出的成绩、老员工有多少等。只有求职者知道你所在的企业是靠谱的，才会愿意留在公司。

（3）面试时可以问问求职者上一份工作的离职原因，了解了求职者的离职原因，然后有针对性地说服他们。离职原因有不满意薪资福利待遇、上升空间不够、遇到职业瓶颈期、与上司不和等。

（4）知道公司的优势，把这些信息详细地透露给求职者，吸引求职者接受 Offer。薪资福利待遇、发展空间、企业文化、工作环境等都可以作为企业的优势。

（5）详细了解职位需求，知道自己要找什么样的人，什么人才适合企业和要招聘的岗位，这个人来公司能给公司创造什么价值。

（6）知道竞争公司的优势和劣势，了解市场行情，知道自己公司在行业的位置，说服求职者时才会更有针对性。

对于企业来说，面临的最大挑战之一就是如何找到可以推动企业发展的人才。那么，发现了与企业发展相匹配的求职者，又该如何说服他们认可你的企业呢？实践证明，可采取以下五个方法来说服求职者。

1. 创设共同愿景

只要将求职者的愿景与企业愿景相融合,就能创设出吸引求职者的未来期望。

面试官跟求职者进行面谈的时候,多半都期望这些求职者能为企业作出更大的贡献,并在企业中充分施展他们的才华。因此,跟求职者进行交谈的时候,首先要为其描绘出企业未来的发展愿景,当两种愿景重合的时候,要积极地引导求职者参与到企业未来的建设中。

在《华为团队工作法》里介绍了任正非创业初期,想招募技术天才郑宝用加入华为的过程。

当时,郑宝用正在清华读博士。

为了说服他放弃学业、加盟一个名不见经传的小公司,任正非就直接告诉郑宝用,中国通信设备市场已经被七个发达国家的产品所瓜分,这些产品不仅价格很贵,相互之间也不能互联互通,中国客户觉得很不方便。

然后,任正非说:"我今天来找你,就是想和你一起干一件大事,让中国人能够用上自己的产品,把世界列强赶出去。"

郑宝用听完后,热血沸腾,被深深地打动了。

任正非接着说:"加盟华为后,我会直接任命你为总工,负责整个企业的产品研发。你的基本薪酬,可以享受公司最高水平。"

任正非说完,郑宝用当场就答应了。

结果，没用两年时间，就推出了华为自主研发的第一款产品。

可见，对于能力强的人才，要先说使命和愿景，再对他们进行物质激励。

让求职者对企业有一种愿景上的认可，只要他们愿意将自己的未来与企业未来的发展进行融合，就能跟企业一起进步和成长。

2. 良好的职位晋升通道

对任何求职者或企业员工来说，对自己最大的期望就是，不仅能在一个企业中充分地发挥自己的实力，还能获得更多激发潜能的机会，而这种激发潜能的根本衡量标准就是人才在企业中的晋升通道。良好的职位晋升通道是提高企业吸引力的一种手段，给求职者描述在企业发展中个人的晋升通道，会增加求职者对企业的兴趣，这时向他们发出邀请，成功说服的概率就会大增。

3. 描述出色的团队

对于一个职场人士来说，多数时间都是在企业中度过的。只要让求职者了解到，跟他一起工作的人都是一些满怀信心并充满智慧和乐趣的优秀团队成员，就会在心理上形成一种渴望，对加入这个出色团队产生向往。这个时候，只要向对方发出职位邀请，就能增加合作的机会。

4. 询问求职者的兴趣

当求职者讲述自己兴趣的时候，通常都会在情感上产生一种与众不同的激动和兴奋。因此，面试官在说服的时候，可以根据对方的兴趣点，讲述一些同企业有关的话题，让对方觉得即将应聘的工作同自己的兴趣点有相关的地方。

5. 未来巨大利益的可能性

企业招聘求职者的时候，要向他们讲述企业未来的发展趋势和经济优势，并跟他们分享优秀员工与企业发展之间的利益关系，让他们知道：企业赚钱就是员工赚钱，为他们营造一种能够赚大钱的愿景，扩大他们对企业的期望。

总之，招聘求职者的时候，只有采取以上说服人才的五大方法，才能促进人才的成交率，为企业赢得大量的人才。

从兴趣和梦想出发，说服求职者

兴趣是促成人才与企业"成交"的一大诱因。企业招聘人才的时候，可以从求职者的兴趣出发，找到他热爱这份工作的点，让他们从工作中收获快乐。这里，为了说服人才加入，需要了解是什么原因让他选择想要从事的行业以及去应聘该工作岗位。如果求职者的选择是出于个人兴趣，企业就可以告诉他们，该岗位能够充分满足他们的兴趣，在收获成就感的同时，工作也会更开心。

如果在招聘中让求职者接触到的企业环境、文化氛围都是轻松快乐的，就更容易促成最后的成交。此外，在招聘中也可以用"梦想"来吸引求职者。虽然很多求职者在求职中更加看重现实的物质待遇，但是梦想的作用对他们来

说，依然是一个撒手锏。在促使人才成交的诱因中，梦想起着独特的作用。

有家公司对外招聘文案策划人员。为了招到优秀人才，公司为这一岗位开出了丰厚的薪资待遇，自然吸引了不少求职者。在众多求职者中，公司颇为中意一位有着五年工作经验的高级文案策划人员。这个人不仅工作经验丰富，个人素养也非常好，给几个面试官留下了很深的印象。

面试结束的第二天，HR 便向这位求职者发了工作 Offer。求职者表示，自己还比较满意，不过还想认真考虑两天。两天后，求职者主动联系到 HR，抱歉地拒绝了工作 Offer。

HR 感到很好奇，问求职者为什么放弃这样的机会。求职者告诉 HR，他一直都很喜欢摄影，还曾用心辅修过摄影的课程。但是，因为自己学的专业，毕业之后只能从事文案策划工作，并取得了不错成绩。而摄影一直是他心内挥之不去的期待。

现在，有一家不错的广告公司给他提供了摄影的机会，虽然他不是科班出身，但他不想放弃。听到求职者的理由之后，HR 更加欣赏他，觉得他依然能够坚持自己最初的梦想并找到实现的机会，非常不容易，给予了求职者真诚的祝福。

在求职时求职者非常看重自己的梦想，为了实现曾经的梦想，可以跨专业、跨领域就业。因此，企业在招聘人才的时候，完全可以用梦想来抓住求职者的心。在猎头聘中，招聘专员要想方设法地了解求职者内心真实的想法，努力探寻求职者的初衷，促进最终的成交。

在职场中，多数人都会激励自己要"认真工作"。其实，当人们感受到工作的开心时，就能做到认真。

心理学家认为，一个人只有从事自己热爱的工作，在工作中做得开心，他的工作态度才是积极的，他的能力才能得到最大限度发挥，才能创造出最好的成绩。而个人要想取得成功，首先就要做他们喜欢的工作，并爱上从事的工作。

对于很多求职者来说，从事自己乐趣范围内的工作是一件快乐充实的事情，他们会投入自己的全部热情，收获成就感，而成就感越大，就越会觉得开心、幸福，为企业创造的贡献也就越大。所以，从这个角度来说，在乐趣范围内做最开心的工作，是个良性循环的过程。

HR 如何在招聘环节吸引人才

招聘是企业 HR 与求职者双向沟通的过程，为了招募到更多优秀的求职者，HR 要充分展示企业的吸引力。

为了在招聘环节吸引人才，HR 不仅要了解求职者的需求、竞争对手的招聘信息、本企业的特点，还要在此基础上进行 SWOT 分析，提升企业对求职者的吸引力。

1. 了解求职者的需求

求职者对招聘方的需求如下。

（1）招聘活动的吸引力。比如，宣传推广好、面试官注意自己的行为等。

（2）公司的吸引力。比如，薪酬高、福利好、有发展空间、文化先进、团队强大、公司有名气、地理位置好等。

（3）工作的吸引力。比如，工作内容不难、工作环境融洽、职位要求不高等。

（4）替代性的工作机会多。

HR要想了解这些信息，可以通过以下途径。

（1）向求职者了解。可以在约见环节或面试环节，跟求职者进行沟通，加深了解。

（2）向新员工了解。可以在入职环节、试用期，跟新员工进行沟通。

（3）向老员工了解。可以跟老员工进行沟通，进行绩效访谈、离职访谈。

（4）向专业人士了解。可以跟专业人士了解，具体方式有调研数据、学术期刊等。

2. 了解竞争对手的招聘信息

招聘时，需要了解的对手信息如下：正在招聘哪些岗位；招聘条件是什么；采取何种招聘方式；招聘网站的样子如何，其中最有吸引力的地方是什么；薪酬水平如何；用人政策怎么样；负责招聘的人，或委托的招聘顾问是谁。

同时，还要了解求职者的想法，比如：求职者为什么选择对方而放弃我方的录用；求职者为什么要访问对方的网站；什么原因吸引求职者选择对方；我方的缺陷在哪里。

要想了解这些内容，HR就要关注以下信息来源：从竞争对手那里"挖"来的员工，竞争对手公司的熟人，拒绝Offer的求职者。此外，还要主动搜寻竞争对手的招聘信息。

3. 了解本企业的特点

了解企业的特点，主要关注以下几个方面，即本企业在行业中的地位、核心竞争力、产品价值、团队氛围、发展前景等。

为了吸引求职者，HR可以这样作：

（1）将收集的信息进行分类汇总；

（2）SWOT分析：发现优势，扩展机会，改进劣势，规避威胁；

（3）匹配目标人群。分析如何推介本公司的优点；

（4）确定可能被本公司吸引的群体，分析其基本情况，掌握推介公司优势的方法。

4. 制定提升企业吸引力的策略

首先，要优化招聘细节。可从以下几个方面进行。

（1）招聘信息。求职者对企业的第一印象往往来自企业发布的招聘信息，因此一定要注意招聘信息的书写技巧。

（2）约见面试。可以采用的方式有电话约见、邮件邀请。

（3）面试环节。要注意面试过程的舒适度、面试官的专业度。

其次，要推介公司优势，具体方法如下。

（1）熟悉公司的发展信息、产品信息、领导风格、团队氛围。

（2）了解老员工留在公司的理由、新员工选择公司的理由。

（3）掌握面试谈话的沟通技巧，适时展现公司优势。

最后，要提升整个人力资源管理体系，具体方法如下。

（1）剖析劣势与威胁的深层原因。

（2）发现影响企业发展的用人缺陷。

（3）修订薪酬福利、培训开发、绩效管理、团队建设等方案的不足之处。

选人小知识

无领导小组测试方法

无领导小组测试方法，是指安排一组互不相识的被试者（通常为6~8人），组成一个临时任务小组，不指定负责人，请大家就给定的任务进行自由讨论，并拿出小组决策意见。

工作人员对被试者在讨论中的表现进行观察，考察他们的自信心、口头表达能力、组织协调能力、洞察力、说服力、责任心、灵活性、情绪控制能力、处理人际关系能力、团队精神等。

在无领导小组测试过程中，面试人员要通过以下几个方面考察求职者。

（1）求职者能不能提出自己的见解和方案，同时敢于发表不同意见并支持肯定他人的意见；在坚持自己正确意见的基础上，根据别人的意见发表自己的观点。

（2）求职者能否随时消除紧张气氛、说服别人、调解争议，并使不善表达的人也想发言，使众人的意见达成一致。

（3）求职者能够倾听别人的意见，对方发言的时候，给予足够的尊重，不会强行打断别人。

（4）求职者的语言表达能力、分析问题能力、概括或归纳能力。

（5）求职者反应的灵敏性、概括的正确性和发言的主动性。

（6）考察求职者参与有效发言的次数。

第十二章 明确录用：果断出击，将人才牢牢抓在手中

智慧选择，确定最终人选

很多 HR 在进行招聘时，没有制定具体的考核标准。事实上，不同的求职者有不同的待遇，需要制定不同的录用条件。

在制定录用条件环节，录用条件应避免模糊性表述，比如"服从用人单位安排"等说法就很模糊，应将录用条件量化。模糊性的表述确实可以作为对求职者提出的基本要求，但遇到具体情况，如果缺少量化标准，就会失去考核的意义。

录用条件的主要内容应该包括：资质条件、工作能力条件和职业道德条件等。其中，资质条件包括但不限于学历学位、工作经历、技术职称或资格、外语水平等；工作能力条件是指在试用期内完成工作任务的能力；而职业道德条件则是指求职者的个人品德。

制定录用标准，要尽量将主观性较强的条件，比如"工作能力较强、工

作积极性较高"等进行量化，用可以考评的要件代替。

当然，每个岗位的职责和要求相去甚远，企业在制定录用条件时，还可以这样分类：对于普通员工，可以制定一般性的录用条件，重点考察入职手续、遵章守纪和本职工作的完成等内容；对于有业绩考核要求的员工，可以增加业绩考核的标准；对于部门负责人等管理者，可以增加部门团队建设和部门业绩等条件。

不过，无论是哪类员工，制定的录用条件都要尽量量化、易于评判。否则，言语表述太过模糊，只会给日后的管理带来无尽的烦恼和风险。

当然，任何求职者都不是十全十美的，要想确定不完全符合条件的求职者也能共事，可以参考以下建议。

1. 提供多元测评

仅用面试的办法并不能对求职者进行全面评估。如果求职者存在某方面的不足，就更难说了。为了确定求职者的不足是否会影响工作，可以使用"白板测试"。

白板测试在硅谷很流行，通常都用来评估工程师解决问题的能力，具体方法是：给求职者一块白板和一个代码问题或任务，让他们写出自己的代码，并传达自己的解决方案。举个例子，如果应聘销售岗位的求职者详细写出了销售流程，却没能写出如何询问客户想要什么，就说明他们无法胜任这份工作。

2. 评估个人情商

事实证明，很多求职者被录用是因为学习成绩和工作经验，而被解雇却是因为情商问题。

在应聘过程中，优秀的求职者都会表现出一定程度的自我意识，为了学到自己需要学习的东西，求职者都知道自己不知道什么，并具备良好的关系管理能力和社交意识。

3. 评估发展潜力

潜力的迹象包括好奇心、投入、决心、信心和积极性。比如："讲讲你主动寻求反馈的一次经历。你是如何处理获得的反馈的？之后有什么影响？"根据求职者的回答，就能预测出其不足之处并判断能否进行改善。

4. 评估学习能力

知识很容易获得，技术可以培养。如果求职者在其他方面很有希望，只是缺乏某一项特定的技能，就不要直接刷掉这个人，因为企业需要的是有能力继续成长和学习的人。

5. 不要在性格方面妥协

评估求职者身上的缺陷对于相应职位有重要影响，比如，很多工作都想要乐观的求职者，销售工作尤其如此。可是，如果招聘的是监管岗位，乐观可能会出问题。这个职位需要悲观的人，需要他们在失眠的夜里反复思考所有可能出问题的地方。

6. 正确应对无法提供离职证明的求职者

对于那些确实无法提供离职证明的求职者，可以参考如下方式进行应对。

（1）必要的背景调查。首先，跟求职者进行沟通，了解其无法提供的原因，做好背景调查，检验并判断求职者提供的信息是否属实。

（2）让员工出具承诺书。背景调查过后，可以让求职者提供一份承诺书，承诺：本人与其他单位无任何劳动关系、劳务关系，并保证受聘于公司不会违反对原单位的任何竞业限制义务。否则，由此带来的后果全部由该求职者自行承担。

规范通知，做有礼有度的企业

这里，通常所说的 Offer 是指录取通知书、录用信等。

在录取信函中，用人单位一般会向被录用者明确报到时间、地点、工作岗位、薪酬待遇等信息。被录用者收到该录用信函后，如果表示同意，就需要在指定的时间内作出答复或到用人单位报到。然后，双方再就劳动合同的订立达成合意。为了吸引准员工顺利进入企业，企业就要规范通知，作到有礼有度。

有这样一个案例：

一家公司向求职者李某发出录用通知书，要求其于收到通知书后三天内予以确认，七日后到公司办理入职手续。李某当日回复邮件确认接收，第二天便与原单位办理离职交接手续。

两天后，公司以存在更好求职者为由撤销该份录用通知书。李某认为，公司在自己确认接收后才撤销录用通知书有违信赖利益，应向其赔偿所受到的损失。公司则认为，从发出录用通知书到撤销仅有两天时间，并未给李某造成实际经济损失。

李某诉至法院，经审理，法院认定李某已经按时接受了公司向其发出的录用通知书，表明双方就劳动关系的建立已达成合意，应该按约履行；公司单方面撤销聘用，违反诚实信用原则，导致李某处于失业状态，公司应当赔偿劳动者的损失。

根据《中华人民共和国民法典·合同编》第五百条规定："当事人在订立合同过程中有下列情形之一，造成对方损失的，应当承担赔偿责任：（一）假借订立合同，恶意进行磋商；（二）故意隐瞒与订立合同有关的重要事实或者提供虚假情况；（三）有其他违背诚信原则的行为。"以上条例中的公司行为已违背了法条第（三）项规定，因此要负法律责任。

录用通知书作为要约，已经由受要约人做出承诺，即发生效力，不能随意撤销，否则就要承担缔约过失责任。企业随意撤销录用通知的行为，可能需要向求职者承担赔偿责任，包括求职者自原企业离职后损失的应得工资，应得经济补偿，劳动合同磋商过程中发生的邮寄费、交通费、体检费等。

综上所述，企业在发出录用通知前，应慎重审查通知内容，一旦发送，就要注重诚信，与求职者及时签订劳动合同，同时也要避免随意撤回带来的法律风险。

经过前期的招聘和面试后，录用人单位一般会在决定录用求职者后，向其发出录用通知书。录用通知书中会对工资待遇、试用期、社保、福利、报道时间等事项进行陈述。如果录用通知书的设计、发送和撤销等都很随意，就容易引发劳动争议。

1. Offer 内容的必备项

一个 Offer 的必备项目应该具备哪些内容？

（1）关键的录用条件、薪酬待遇等条款要清楚无歧义，不能出现模棱两可的情况，否则就是存在失责行为。

（2）录用通知书应有期限限制，超过某个时间，就表示对方放弃接受。

（3）写明报到时提供的材料清单。比如体检合格的证明。

（4）劳动合同期限。

2. Offer 发放前的调查

准备好 Offer 之后，在正式发放之前，还需要做最后的准备和检查。

（1）对于重要岗位，HR 在发出 Offer 前，需要对求职者进行背景调查，帮企业省掉那些未注意到的问题和麻烦。

（2）明确要求求职者在指定时间内书面回复是否接受，并规定：未在指定期限内书面回复，Offer 失效。

（3）明确列出企业不予录用的情况。比如，简历中有虚假成分、未按约定日期报到、员工体检不合格等。

（4）如果企业对体格要求较高，就要注明：只有在企业书面确认体检合格后，入职邀请函才能生效。

（5）在 Offer 中，为了提升雇主品牌形象，可以增加一些企业文化宣传。

（6）把入职手续等各事项以正式邮件形式表述清楚，方便入职者参照执行。

3.录用通知书的设计

企业一般都会在录用通知书中载明求职者的薪资待遇、拟签订劳动合同的期限、试用期、报到时间及地点等基础性内容，却忽略了一些风险控制性条款，最终导致企业由主动转为被动。

因此，录用通知书不仅要载明基础性内容，还要确认录用条件、录用通知书失效时间和情形，并注明报到时应携带的资料，如身份证、学历证书、与上家单位解除劳动关系证明等资料的原件和复印件。对比，可从以下几个方面作出约定。

（1）针对未按指定时间和地点报到或报到时不能提供报到所需资料等情况，可在录用通知书中增加："如你未在指定期限内到公司指定地点报到或报到时不能提供报到所需资料、物品或实际资料、物品与应聘信息不一致的，视为你主动放弃本工作机会，本录用通知自动作废，本公司将不予录用，由此造成的损失将由你自行承担。"

（2）针对录用通知书的性质做出明示："本录用通知书为要约邀请，双方能否签订劳动合同以你在通知书所载明的时间及地点到达公司后，经双方进一步沟通确认的结果为准。"

（3）明确求职者违背承诺所负的责任。可增加："如你明确接受录用通知，则视为你接受本公司录用且同意在指定日期报到入职。如违约，则应向本公司支付违约金××元。"

（4）针对录用通知书可能与劳动合同相冲突的情形，可增加："如本通知书与双方签订的劳动合同等相关协议有不一致的，以双方后签订的协议为准。"

4. 录用通知书的发放

录用通知书的发放，要注意以下几个细节。

（1）录用通知的发放要斟酌。录用通知书并不是用人单位录用环节的必经程序，原则上尽量不要发书面通知，企业可以通过电话直接通知报到的时间和地点，以防发出通知后又反悔，导致企业承担缔约过失责任，对求职者进行赔偿。

（2）把握好发放的时间节点。如果企业确实需要发放录用通知书，为了降低法律风险，可以调整发放录用通知书与体检的先后顺序。实践中，企业的招聘流程一般都是先发录用通知书，在录用通知书中载明让求职者在报到时提交体检报告。在此情况下，如果求职者的体检报告中显示其患有某种公司难以接受的疾病，公司再以此不予录用，双方极易产生争议。因为录用通知书已经发出，求职者也同意入职，企业自然要受到录用通知的约束。因此，用人单位可以调整发出顺序，先要求体检，待体检合格后再发出录用通知。

（3）录用通知发出后，正确撤回。从法律角度来说，录用通知书是一种要约，根据《中华人民共和国民法典·合同编》的规定，要约可以撤回。但撤

回通知要在通知到达求职者之前或到达同时。也就是说，企业通过电子邮件或短信等即时通信方式通知求职者，实际上是无法再进行撤回的。

（4）录用通知发出后如何撤销？根据《中华人民共和国民法典·合同编》的规定，要约也可以撤销。企业发出录用通知后，如果因各方面原因不能录用该人员，一定要赶在求职者做出同意入职的回复之前，通过电子邮件或短信等以最快的方式告诉对方。

商讨双赢的工作待遇及薪酬

面试进行到最后一步，就是与合适人选进行薪酬谈判，每个 HR 都应积极面对并掌握良好的薪酬谈判技巧和艺术。

在招聘过程中，80% 的 HR 都会遇到这样的问题：辛辛苦苦招聘，经过几十次、上百次的对比、筛选，自己和用人部门终于看上了同一个求职者，但谈到薪资时，双方却始终谈不拢，无法契合。求职者的期望薪资超出了公司标准，求职者不满意，这时候把人放走，内心又不甘。

面试官既不想错过优秀的求职者，又要顾虑公司的用人成本，那么，如何做好薪酬谈判的准备工作，需要掌握哪些谈薪技巧呢？

1.HR 薪酬谈判的准备工作

在薪资谈判之前，HR 要提前作好以下准备。

（1）了解求职者薪资变动方向。要想了解求职者的薪资变动，可以从以下方面考察，如表12-1所示。

表12-1 了解求职者的薪资变动考察

方向	说明
根据求职者经历判断薪资变动方向	为了了解求职者，HR可以对求职者进行背景调查，为接下来的薪酬谈判做好准备
考虑求职者的生活成本	生活水平是指人们在该城市生活的成本。考虑生活成本，也能体现企业的人文关怀，让求职者感受到企业的诚心，提高挽留的成功率

（2）整理本公司的薪酬体系。求职者一般都比较关注公司的薪酬体系、工资沟通渠道、绩效体系，因此在招聘之前，一定要整理公司的薪酬体系，作好总结，找到亮点，吸引人才。

（3）了解市场的平均薪资水平。面谈薪酬时，要对本地区、本行业、相似规模的同类岗位的薪资，做个大概的了解。

（4）准备岗位说明书。对于拟招聘岗位，要建立明确的岗位说明书，内容包括岗位职责、任职要求等。然后，再根据企业岗位的明确需求去招聘，有的放矢。

2.HR薪酬谈判的技巧

提前作好薪酬谈判的准备，就可以跟求职者进行面谈。这时候，人事主管就要充分利用各种谈判技巧，努力提高留下求职者的概率。那么，谈薪酬时，该掌握哪些技巧呢？

（1）考虑好具体薪资的上下限。在面试前，企业必须确定出职务给薪的最高上限是多少。企业必须考虑到财务能力和内部给薪的公平性，即使是最优秀的人才来应聘，也不能打破这个上限，否则员工的薪资就会成为企业的负担。同时，如果企业给予求职者的薪资超过了上限，一旦被其他员工知道，就

会引起不满，对员工的情绪造成影响。

（2）不要忽略其他报酬。HR要认真聆听求职者的想法，了解他们重视的其他条件，尽量满足。比如，对某些求职者来说，弹性的上下班时间、休假、培训等机会，虽然不是直接的薪资报酬，却是他们决定是否接受一项工作的重要参照。

（3）不要直接询问对方希望的薪资。在招聘中，HR直接询问求职者希望的待遇是多少，就给了求职者开价的权力，不利于人才的顺利引入。相反，经过询问，知道了求职者目前或上一份工作的具体薪资数量，即使附加了他现在希望获得的待遇，企业也能制定出比较合理的参考标准。

（4）只告诉薪酬范围的下限和中间值。在一开始就公布职位的薪酬范围，例如在招聘广告中写明，对企业非常不利。通常，只要保留薪酬范围的上限，只告诉求职者薪酬范围的下限及中间值即可。这样做一方面可以替企业筛选掉对薪酬期望太高的求职者，另一方面又保留了谈判空间。

（5）薪酬标准要讨论明确。讨论薪资是面谈的关键部分，HR可以通过问话的方式试探薪资的可能性，避免双方可能遭遇的尴尬。例如："如果企业给你5000元的薪水，跟你的预期是否吻合？"

（6）心理战降低对方期望。无论多么急用的人才，在薪资谈判阶段，都不能操之过急，要充分利用时间的维度来解决问题。即使人才的薪资预期要求比企业薪资水平高出很多，也不要轻易放弃，可以出点难题考察一下。

（7）知己知彼，掌握薪酬信息。所谓知己就是，要了解自己企业的薪资结构和现状；所谓知彼就是，要了解求职者的真实薪资待遇和他曾经的薪资待遇。同时，还要知道同类人才的社会平均薪资，甚至他的同学、亲朋等的薪资待遇。

（8）不要一见面就谈薪酬。在谈判过程中，不仅要积累对求职者的了解，还要让求职者对企业及职务有一定的认识。如果沟通不充分，就盲目说出薪酬的数字，会破坏掉谈判的可能性。

（9）宣传企业，用事业吸引人。跟求职者交谈时，HR应引导求职者看看企业的网站和宣传册，多给他介绍企业的管理团队、企业文化、企业所在行业的发展趋势，以及企业的发展历史、现状、未来走向和发展战略。

（10）欲擒故纵，故意降低工资。针对漫天要价的求职者，可以让他把底线亮出来，再和他谈判。当然，也不要拼命压低求职者的工资，要想长久地将人才留住，就要公平对待。

选人小知识

录用小锦囊

锦囊一：先问问自己。

在招聘过程中，需要首先问一下自己：我是谁？我能给求职者带来什么？我需要招聘的职位是什么？求职者为什么选择我们？我们的优势是什么？

锦囊二：关注招聘广告。

在招聘广告上，不能只有干巴巴冷冰冰的用工要求，要有吸引求职者目光的地方。例如，要展示公司发展简介、员工成长的成功案例、员工的晋级路线、薪资、福利待遇、工作时间、员工的职业生涯规划。

锦囊三：吸引高技能员工。

为了吸引高端人才，就要做到以下几点。

（1）你会培养这些人，他们会感恩你的培养，愿意拿相对较低的工资。

（2）在当地你是相对的大企业，人才愿意寻求安全感而加入你的公司。

（3）你的目标感非常强，大家都相信虽然你现在不赚钱，但是将来一定会赚钱。

（4）为求职者设计成长路径、自我发展计划，为他们树立一个好的榜样，比学赶超，互相激励。

（5）让每个员工都能看见晋升的机会，知道求职者的工作要求和职业规划。求职者一般都是"看到才会相信"，所以要先让他们看到，让榜样呈现。

第十三章 强化跟踪：紧跟人才步伐，提高留任率

"空降兵"离职的多种原因

招聘中，经常会遇到一个名词"空降兵"。那么，究竟什么是"空降兵"？

所谓"空降兵"就是公司从其他企业高薪挖过来的人才。这类人才往往都能将其他行业的优秀经验或杰出能力带到本公司，指导和带领员工不断前进，促使企业的运营和发展走向正轨。

在 HR 圈中，流传着一句话"金三银四"。也就是说，每年的三月和四月是招聘的黄金季节，很多人都会处于跳槽求职和打算跳槽求职的状态，同时也有许多人才找到自己理想的岗位开始工作。在这些人才中，很多人是由"空降兵"进入管理岗位的。

可是现实中，很多"空降兵"来公司半年甚至三个月就会离职。如此，就会对团队造成巨大损失，因为无论是招人还是用人，都是需要成本的。调查

发现，工作 1~6 个月、12~18 个月是两个离职高峰时区，尤其是 12~18 个月，一度高达 14%。

有些"空降兵"虽然能在企业待一段时间，但终究也会离开，离职的原因不外乎以下几个。

1. 发展理念存在分歧

人才同企业发展理念存在分歧，容易导致离职。

"空降兵"一般都比较看中自己跟企业发展理念的契合度，如果彼此发展理念都不一致，开展工作时就很难达成一致意见，在企业这里发挥不出自己应有的价值，做不出企业想要的成绩。

如此，即使"空降兵"能给企业带来一定的效益，但往往也是事倍功半。一旦出现这种情况，人才的心理势必会有所波动，很容易产生离职的念头。

因此，为了降低因彼此发展理念不一致导致的离职风险，招聘"空降兵"，一定要看其发展理念同企业、同高层的发展理念是否一致，或能否接受彼此。

2. 业绩不佳，引咎辞职

对于"空降兵"，企业往往会抱有过度的期待，甚至希望"空降兵"到职后就会起到立竿见影的效果。可是，因为企业环境、发展理念、管理方式等各种情况，不少"空降兵"在入职的最初三个月到半年的时间内甚至更长的时间内，不一定就能立刻达到老板的期望值。

看到自己没给企业带来预期的业绩，"空降兵"会承受来自自己、员工、高层等各方面的压力，最后无奈，只好选择引咎辞职。

3. 内部人际关系复杂

公司内部人际关系复杂，尤其是家族性质的企业中，很多人员都是动不得的。而"空降兵"进入公司，会被赋予高管的职位和职权，行使工作职责内的职权时，一旦触犯家族成员或老员工的利益，容易引起家族成员或老员工的不支持，甚至钩心斗角、引发纷争。

"空降兵"疲于应付这些复杂的人际关系，上层领导不支持，看到公司现状无法改变，就会选择离职。

4. 企业发展状况不佳

企业发展一直都是员工考虑的问题，对于空降人才更是如此。

企业发展前景光明、机遇众多，才能吸引更多的高端人才加入，才能为人才的发展提供更多的条件和可能性。如果企业给予空降人才期望的薪资和待遇满足不了空降人才的要求，再加上企业发展实力不足，高端人才在这里看不到发展，就会选择离职。

5. 禁不住外界诱惑

"空降兵"通常都具有出众的能力，最容易成为企业瞄准的对象。

为了招聘到优秀的人才，有些企业会花费心血"挖墙脚"。然而在任职期间，如果"空降兵"遭受各种跳槽的诱惑，为了追求更多的财富和更好的平

台，只要对方企业开出合理的条件，就可能易主。

6. 老板急于拿结果

老板花费巨资聘请到一位人才，肯定希望这个人尽快做出成绩，把成本赚回来；或者公司情况比较危急，急需"空降兵"来拯救。"空降兵"刚来公司，对公司整体情况还不了解，老板就放手让他上战场拿结果，还美其名曰"用人不疑"，肯定会出问题。

7. 发展平台不好

高端人才，看中的一般都是企业的发展空间和自身的发展平台。"空降兵"降落到企业中，经过一段时间的观察，如果发现企业并没有太大的发展前景，而自己在企业内部的发展平台也不宽广，看不到自身的希望，最终就会选择辞职。

8. 薪资待遇不理想

在新员工离职的比例中，薪资待遇占的比重最大。

对于空降而来的高端人才来说，他们虽然不会把薪资待遇放在首位，但是在薪资待遇上面的要求也很高。如果所供职的企业不能满足他们在物质方面的要求，他们也会离职。

9. 做事浮夸，思想顽固

在具体的工作中，有些"空降兵"可能会采取以往的方式，忽略不同企业的不同发展情况，一旦受到各方面的阻碍，感到不适应，就会离职。

10."空降兵"本身有问题

比如，"空降兵"刚进公司，不了解公司历史，不知道公司过去发生了什么，会觉得整个团队有一些问题，感到很不舒服、不适应，决定离开，等等。

以上就是"空降兵"离职的主要原因。当然，"空降兵"离职的原因还有很多，比如家庭因素、身体因素、个人恩怨等。对于企业来说，在选择"空降"人才的时候，要对其进行全面而深入的了解，深入挖掘他们心中最为真实的想法，想办法将人才留住。

求职者拒绝 Offer 的原因及解决办法

HR 招聘最郁闷的是什么？不是没人来面试，也不是收不到简历，而是通过一两个月的时间终于找到合适的人才，Offer 已经发出，结果求职者找到了更理想的工作，打电话过来拒绝 Offer。HR 该怎么办呢？

1. 了解求职者拒绝 Offer 的原因

求职者之所以要拒绝 Offer，主要原因有如下几个。

（1）流程太长。HR 对求职者很满意，但没办法立即签约，因为还得走流程。很多公司都存在这样的问题。公司虽然不大，流程却长得很。可是等流程走完，求职者可能已经在其他公司入职了。没有走完流程，HR 也不能通知求

职者入职。如果求职者在一段时间内没有接到通知，就会以为自己被淘汰了，自然会继续寻找其他工作。为了避免这种情况，HR就要积极改进招聘流程，缩减时间，也要经常和求职者保持沟通，让他们知道流程的进度。

（2）不满意薪酬。在面试谈薪过程中，HR代表公司一直压价，出于某些原因的考虑，求职者当时可能会接受公司提供的薪酬，但回到家里后，经过认真思考，多方比较后，可能就会觉得这个数字离自己的预期太远。为了不"贱卖"自己，他们就会果断拒绝Offer。虽然公司都希望以最小的成本招到最合适的人，但如果公司开心了，求职者可能就会感到不爽。所以，HR有责任了解市场行情，即使压价，也不能太狠，至少得跟市场价不相上下，得对得起求职者的能力。

（3）面试体验不好。面试这件事情，不仅仅是HR面试求职者，还是求职者面试HR。面试的过程原本就是一个双向选择的过程，仅HR对求职者满意还不行，还要求职者对公司满意才行。面试的时候，如果求职者没有对公司留下好印象，就会拒绝Offer。比如，跟前台咨询的时候，前台态度冷漠，等了很长时间；或者，面试官太过高傲等，都会让求职者停止前进的脚步。

（4）遇到更好选择。为了找到理想的工作，求职者都广撒网，除非确定被心仪公司录用，才会停止简历的投递，否则，只要遇到好的面试机会，就会去尝试。如果你不是求职者最好的选择，他们自然也会拒绝你的Offer。

（5）只是为了尝试一下。有些求职者原本就不是真的想去你们公司上班，只是为了试试自己的行情，顺便练习一下面试，为面试真正心仪的公司作一些准备。遇到这样的求职者，HR当时虽然无能为力，但是可以保持联系。比如，加微信，建立长期关系，甚至和求职者建立起朋友关系，这样给求职者留下好印象，未来也许还有合作的可能。

（6）联系不紧密。在发Offer之前和发了Offer之后这段时间，一定要跟求职者保持密切联系。如果求职者在这段时间找到了工作，你还不知道，显得多尴尬。

2. 寻找解决的方法

要想让求职者接受你的Offer，可以采用下面一些方法。

（1）合理安排面试时间。对于求职者的面试安排，为了充分体现"以人为本"的管理思想，要坚持"宁让面试官等面试者，不让面试者等面试官"的政策。现在的求职者都很个人主义，尤其是"90后"的求职者，更看重个人得失，面试中多等一分钟，就会感到烦躁不安，甚至转身离去。因此，安排面试时间，一定要错峰。每位求职者的面试时间要间隔20分钟左右，并在电话通知时明确告诉他不要迟到。

（2）提前与求职者确认面试细节。如果面试人员数量不多，就会造成公司准备工作的浪费，因此，招聘专员可以打两次电话。第一次电话至少提前两天打，主要用于通知具体面试时间、地点和注意事项；第二次电话是面试前一天下班前，再次确认面试者能否按时来。如果有人表示不能参加，就要立刻通知其他候选人替补进来，保证第二天的面试数量。

（3）进行爽约后的电话回访。如果求职者失约，可以进行直面回访。通常人们失约的原因有两个：一是找到了更好的工作和企业，二是实在有私事没

有处理完。对待这两种情况，可以采取同样的应对方法：礼貌回访，表达对对方的感谢和未按时入职的遗憾，请求对方告知具体的失约原因。不管是出于何种原因，都要表现出惜才爱才不忍割舍的情感，争取获取对方的情感共鸣。

（4）作好人才库的储备。面试完后，人事部门都会同用人部门审核求职者的综合情况，并给出录用与否的决定。对于刷掉的求职者，如果确实没有决定录用的人优秀，就可以将其储备到公司的人才库，以备后需。

（5）让准员工成为"自己人"。从准员工过渡到正式员工，其实就是企业与求职者从没有联系到建立联系的一个过程。想要减少爽约的情况，就要努力与准员工建立联系。举个例子：

一家软件公司开发了一套内部"朋友圈"系统，求职者只要拿到Offer，就会收到公司发送的系统登录账号和信息。之后，准员工就能通过办公室和部门，检索到自己今后的同事并加为"伙伴"，关注他们的工作和生活动向，进入该公司员工的工作圈、生活圈，提前了解自己感兴趣的事情。通过这种方式，该公司不仅对内部App进行了推广，还给求职者带来一种"自己人"的感觉。

企业和HR主动地营造沟通的氛围，就能让准员工提前感受到公司的人文环境，继而看到公司的诚意，甚至为保持吸引力、增加信任感以及帮助员工快速融入，打下良好的基础，在对求职者已经有了Offer意向后，更要紧密联系，及时将公司当前发展的一些好消息通知到即将入职者，让入职者先行对企业产生亲切感和内部人的感受。中间如果求职者有了新的想法或新的工作机会，也能及时了解，采取措施，争取让求职者顺利加入自己的公司。

不管在任何地方，人才都是稀缺的，HR 都要将其作为客户来对待，仔细分析他们的心理和行为，以他们所感兴趣的方式，积极沟通，争取他们的信赖。

（6）加强准员工的真实体验。HR 要真诚地与准员工进行沟通，最大限度地让他们了解企业的真实状况；面谈时，不要说得天马行空。此外，为了加速准员工向"企业人"转换，还要积极打造直接体验的工作场景。比如，可以为准员工发放一些带有小贴士的卡片，上面标注一些解决常规问题的方法；可以为新员工制作员工手册，里面设置很多图片化的场景，让员工快速了解公司的日常。

（7）开展先期投资培训。对于技术性强、跨界广的岗位，企业完全可以在录取准员工后，利用入职前的这段时间加紧修炼内功。举个例子：对某些软件工程师来说，如果他们要进行项目管理资格认证的培训，费用可以在入职后的一段时间给予报销。在大部分 IT 企业中，这一证书不仅意味着薪酬的增加，还是岗位晋升的必备资质。这种类似于培训协议的方式，也是留住求职者的一大砝码。

工作跟进：扶上马，送一程

让新员工融入企业是人力资源工作中的一部分，是众多环节的一环。

新员工融入是每个企业的必经之路。新员工入职后，企业需要把信息传递给员工，员工也需要充分了解企业文化、企业制度以及企业的工作流程。

可是，在现实工作中经常会出现这样一种现象：团队缺乏元首，大家疲于奔命，老板"压力山大"。好不容易有一天，经过大家的努力招到了新员工，老板心里的石头终于放下来。结果，很快就发现，很多问题随着新员工的入职也显现出来。

第一，企业发展迅速，内部人才无法满足企业需要，需要到竞争对手那里去吸引人才。不管是本土企业还是外企，新来的员工，工资和经验通常都要高于现有团队同级别的员工，甚至有时比部门经理还要高。原因在于管理能力不到位、管理者有心理障碍等。新员工孤立无援，无法融入团队，需要适应新的工作方法；或者新员工的贡献无法满足管理者的期望，最终只能黯然离去。

第二，空缺岗位虽然没有人，但是工作很重要，工作会被周边的、相关部门的同事所承担。当新员工到来时，相关人员应该如何重新分配工作、制定边界？如果团队负责人不出面为大家梳理，团队就会产生矛盾。

从本质上来说，新员工培训就是从分配到工作岗位那一天开始的，所有的责任都在工作上。每个人都有自己的特点，不能统一要求，要对他们提出不同的要求，制定个性化培训课程。记住，工作才是培训的真正开始。

1. 将具体方法直接教给对方

管理者要明白，将跟工作有关的内容和方法都交给新员工，主观地认为对方能做并让对方做，是完全不靠谱的。作为管理者，在新员工入职之初，首先应该作好示范，耐心说明方法，同时让其本人尝试练习，做得好的地方及时激励，应该改正的地方要提醒他。简而言之，就是手把手，扶上马，送一程。

忽视了手把手的教，让新员工自由发挥，他们就会"怎么想怎么做"。按照自己的想法做事，如果没有取得成功，他们的自信心就会受到打击，继而对工作产生厌烦情绪，不知不觉地养成不良工作习惯。要记住，新员工不是跑腿的，毫无目的地给他们安排工作，只是局限于让他们帮手，只做些零碎小事，是不利于新员工融入的。要做给他们看，让他们去做。

尤其是新员工处于职场第一步，更要在一开始就要把你尝试过的最好方法教给新员工，让他们照着做，让他们获得成功，增加自信。

2. 明确指导责任人

新员工满怀希望进入公司，管理者要让其得到成长，不能培养一个不合格的人。为了实现这一点，就要建立一个机制，明确一位指导新员工的责任人，让他对新员工的培养主动担负起责任。

一般来说，新员工培训责任人要尽可能选择那些有1~3年工作经验的人，这样的人需要完成三项任务。

（1）给新员工演示工作，让他们尝试着做，并对其表现进行评价。反复进行演示，手把手地将工作方法教给他们。

（2）仔细观察新员工的行为并发现问题，通过反复提醒，帮助他们改正错误。新员工的领悟力程度都不相同，不能妄想一口吃个胖子，要坚持"一次改正一个问题"的原则，逐次改善提升。

（3）打开新员工的心扉，倾听他们的烦恼，并给出建设性意见。

选择这类责任人时，要注意以下三个方面。

首先，不能选择那些在品行及工作能力方面有严重问题的人作为指导责任人，否则会将不良习惯传递给新员工。

其次，年龄相近的人容易沟通，要尽可能地选择年龄相差不多的人。

最后，必须让指导责任人明白，新员工培训也是对自己进行的培训，既是一种挑战，也是一个学习成长的机会，所以不能错过这个好机会。

3. 给新员工提供适宜的工作

新员工刚入职，既不能把他们当成无所不能的高手，也不能当成什么都不懂、什么也不会干的见习生，应该按照他们的经验、能力和资历，安排难度系数相当的工作。如此，他们才能快速上手，逐步强化，提升自己；才能扎扎实实地在新的工作环境中落地生根，茁壮成长。

对新员工来说，起始工作太简单，他们就容易看轻这份工作的重量，工作就会懈怠，甚至产生被低估价值的感觉；而起始工作安排得太难，新员工在一开始就受挫，则会极度不自信，继而心生畏惧而放弃。

管理者要给新员工提供难度系数适宜的初始工作，鼓励他们在工作的完成过程中了解公司的经营情况，并逐步融入团队氛围。

4. 加强领导能力和培训

直接主管严格按照工作规范办事，并尽可能做到最好，对于培养新员工规范、熟练、精湛的业务技能十分重要。

有些新员工之所以会离职，主要是直接领导导致的，因为与新员工接触最多的就是部门主管。为避免这种情况，人力资源部要加强基层、中层管理者的领导能力和管理技巧的培训。因为只有管理者成熟、管理到位，才能让新员工产生好的工作体验，他们才愿意长期留在公司。

选人小知识

选人，就是留人

当新员工入职以后，对他们的培养和帮带决定着他们的稳定性。为了将新员工留下来，可以这样做：

（1）建立导师制；

（2）建立全员辅导机制；

（3）建立企业内部传帮带文化；

（4）完善导师制的评价体系；

（5）建立一套新员工标准的成长计划；

（6）老员工到现场演示如何做和做的关键节点；

（7）将老员工带领新员工的数量与晋升和评级联系起来；

（8）全员掌握如何带新员工，并将传帮带文化贯彻上下；

（9）定期辅导和考核检验，让新员工了解成长的进步和需要提升的方向；

（10）将关键性工作流程、工作步骤做成标准的执行文件，让员工知道如何做以及具体标准。

第十四章 善用人才：人尽其才，成就大事业

知人善任，用人所长

俗话说："不怕有短，只怕无长。"每个人都有缺点，也有一定的优势。招聘进新员工后，要善于发现员工的优点，用人之长，最大限度地激发员工的"优势效应"。

王珂和杜卓，两人年龄相仿，级别相同，都是因为个人工作能力突出而被提拔成管理者，各自管理着一个重要部门，是当时企业最大的两个部门。不同之处在于，三个月之后，王珂管理的部门开始显出颓势、业绩下滑，而杜卓管理的部门则是一派欣欣向荣。

在老板眼中，王珂工作更努力，每天都会加班，总能在深夜的办公室里看到他的身影。杜卓则不然，会议开得不多，团建庆功倒总能看到他的身影。

时间长了，老板听到一些"小道消息"。有人指责王珂工作太死板，经常强迫下属干这干那，搞得大家很不开心。有人指责杜卓太随便，什么东西都敢尝试，下属总会玩出新花样，哗众取宠。

要想了解一个人的缺点，是比较简单的，通过一两件小事就能得出个大概的结论；而要想了解一个人的优点，却非常困难，尤其是对于管理者来说。很多管理者明明知道下属在某方面比自己厉害，却不想或不愿承认。而这种不想或不愿的行为，就导致了"知人"方面的问题，无法知人，自然没法任人。优秀管理者都会将主要精力花在用人所长上，而不是花在改人之短上。

每个员工都有缺点，如果企业因为员工有缺点，就忽视员工的优点，将员工打入不得录用的行列，永远都找不到可用之人。聪明的企业老板会用员工之长、避员工之短，激发员工发挥优势，为企业创造价值。

如何发挥下属所长呢？可以从以下三个方面作起。

1. 发挥新员工的长处，不要专注其缺点

人性的特点是容易关注到他人身上的缺点，而不容易发现他人的优点。管理者首先是作为一个个体存在的，很多时候都会带有自己很强的习性。比如，自己是一个苛刻的人，对自己苛刻，也对下属苛刻；对自己要求完美，也要求下属完美。这样的管理者，他的下属可能只是和他有一些不同的个性，却容易被看成缺点；而有些管理者则是把员工一丁点儿的缺点无限放大。这两种管理者都很难选到合适的员工。

每个人都一样，是一体两面的，都有缺点和优点，只有发挥了每个人的

特长，才能创造超越预期的绩效。因此，管理者一定要能做到"物尽其用，人尽其才"。

2. 将人员放在合适的位置上

对于管理者来说，要想将合适的人放到合适的位置上，并不容易。首先，自己得知道什么样的人是合适的；其次，还要把他放在能发挥他潜能的职位上。在过往的工作中，存在这样一个现象：业务部门的管理者，认为人力资源工作是 HR 的事，HR 认为人力资源工作是管理业务部门的事情。这种思想很陈旧，记住：人力资源管理的工作一直都是业务部门自己的事，也是身为管理者自己的事，只有懂得人尽其才，才能成为合格的管理者。

3. 为新员工配置各种所需的资源

在日常的管理中，经常会发现一个有趣的现象：管理者把目标分给新员工，然后指望新员工完成，甚至是超额实现。其实，这是一种很自欺欺人的做法，如果新员工都这么强悍，岂不是很容易就成了领导？合格的管理者不仅能给新员工指派任务，还会为新员工争取各种为了实现目标而必须配置的资源。

各种资源，是新员工完成目标最为关键的要素。当然，这里的资源并不仅仅是我们所说的预算、人员配置等。有些资源新员工自己可以搞定，算是对新员工的训练；新员工搞不定的资源，管理者要和他共同分析、寻找方法，并帮他找到实现的方法，而且最好不要直接赋予资源。

让专家做专家的事情

新员工的工作态度和习惯不仅会影响自身的工作效率，也容易影响到其他员工的士气和工作效率，因此，企业应该尽一切力量去认识和理解新员工的全部情况。

三国时期，诸葛亮作为一个领导者，对"员工"的性格了解就异常透彻，针对不同的"员工"，他会采取不同的对策，让所有的"员工"都心服口服。

关羽为人骄傲自大，在华容道之战前，诸葛亮就让他立下军令状。之后，关羽果然如诸葛亮所料，放走了曹操。从此，关羽也对军师诸葛亮更加信服。

张飞，性格莽撞，脾气暴躁，是个莽汉，做事冲动，不计后果。诸葛亮就采取激将法，激得张飞不惜生命南征北战，取得众多胜利。事后，张飞对诸葛亮也是心服口服。

孟获作为少数民族首领，性格淳朴，勇猛无畏。为了将他收拢在自己的团队，诸葛亮采用了攻心战术。他七擒孟获，又七放，得到了孟获的由衷佩服，从此孟获对蜀国死心塌地的效力。

诸葛亮的故事告诉我们，面对不同的员工，一定要先了解他们的性格，然后采取有针对性的用人策略，将他们放在与自己的性格和能力相匹配的岗位上，做到人尽其才，让他们发挥出自己的才能。

每个人都有自己的短处，也有自己的长处。在团队管理中，"合适的人"

就是其所具有的特长符合某个岗位特点的人；同时，管理者不要因为某个员工有一些缺点就全盘否定他，认为他不适合团队。

苹果公司创始人乔布斯曾经说过这样一句话："'垃圾'是放错位置的宝贝。"没有用不好的员工，只有不会用员工的管理者。

老赵之前一直做着A专业的工作，来到新公司后，由于没有对口的岗位，领导把他安排到从事B专业的工作。由于换了个方向，老赵做起来不怎么顺手，工作效率很低，经常挨领导批评。他感到特别郁闷，在部门里也不受重视，考核总是垫底。

后来，老赵借机申请调到另外一个部门去了。该部门的领导和他交流了几次，明白了他的专业方向和对工作岗位的想法，把他安排到一个与人打交道的岗位。这个岗位虽不是自己的专业，老赵却非常喜欢和擅长。他在这个岗位上干得很有热情，取得了出色的成绩。

可见，员工干出出色的成绩很大程度上和岗位有关系。领导征求个人意见，让他发挥自己的专长或从事感兴趣的事情，其效率会比在错误的岗位上高得多。很多时候，公司业绩不好不是员工没有才干，而是没把员工放在合适的岗位上。

曾经有位著名的德国将军说过："我把军官分为聪明的、愚蠢的、勤快的和懒惰的四类。聪明而勤快的让他做高级参谋，愚蠢而勤快的则用来命令支配，而那些聪明却懒惰的，则让他们做最高指挥。"一个人的价值究竟是高还是低,很大程度上取决于评定他的人站在什么样的立场和角度。

同样的一棵树,在游人眼中,它高耸入云,枝繁叶茂,不管是乘凉,还是观赏,价值都很大;而在木匠眼里,它不能加工成木材,不能为他所做的工作提供任何帮助,一点儿用处都没有。

在企业用人中,同样如此。企业会招聘各种各样的新员工,有的活泼开朗,有的沉默细心,有的循规蹈矩,有的追求创新……管理者不能单纯地评定究竟哪一种新员工才是最有价值的。让不同的员工发挥出不同的价值是管理者的工作与责任,而要做到这一点,就必须懂得量才而用、人尽其才,让每个新员工都成为企业最有价值的一分子。

让不适合的人主动离开

先给大家分享一个案例:

郭先生在一家小型初创公司做销售。为了激励员工,公司用360°的绩效考核方式对员工进行考核,郭先生被判定为不合格。但他坚决不签名,随后公司以"不胜任工作"为由,对他进行调岗降薪。

郭先生不满意公司的处理结果,申请了劳动仲裁。仲裁裁决公司该行为违法,需继续按劳动合同约定的岗位薪资履行。

在实际面试中,任何HR都不可能通过几次面试就准确地判断一个人的能

力，面试的过程可能也是 HR 给自己挖坑的第一步。即使新员工入职后各项绩效不达标，公司也不能像上述案例一般，直接对其进行调岗降薪。

事实上，如果没有明确的证据证明员工能力不足，未与新员工协商就调岗降薪的行为，是违法的。那么，应该怎么证明新员工不能胜任工作呢？

1994 年劳动部办公厅印发的《关于〈劳动法〉若干条文的说明》（劳办发〔1994〕289 号）第二十六条，对"不能胜任工作"进行了定义："本条第（二）项中的'不能胜任工作'，是指不能按要求完成劳动合同中约定的任务或者同工种，同岗位人员的工作量。用人单位不得故意提高定额标准，使员工无法完成。"

简而言之就是，如果企业已经与新员工就工作内容、绩效考核标准等做了事先约定，就要按照约定内容履行；未约定时，则依照与其相同岗位的多数员工普遍都可达到的标准执行。

新员工因主客观因素造成不能胜任工作时，为了提高他们的工作能力，企业可以对其采取换岗或培训的方式。采取这些措施后，如果依然不能达到工作胜任的标准，可依法解除劳动合同。

出于对公司的负责，不要让无所作为的新员工占据重要岗位。业绩不好，或许并不是他的错，但即使如此，还是要把他换掉。面对能力不达标的新员工，企业若依据"不胜任工作"进行解雇，需要经过合法的程序并保留相关证据。

合法解雇不能胜任工作的新员工，所应遵循的基本流程如下。

1. 制定胜任工作的标准

在考核制度中，企业制定业绩目标和考核标准，要参考公司的经营目标、岗位职责以及员工个人能力等因素。

考核目标与标准一定要尽量量化、细化、明确，具有可操作性，明确规定考核结果用于哪方面；同时，要与新员工本人进行沟通和确认，并得到他的签字认可。

2. 有充足的证据证明新员工不胜任

没有充足合法的证据就将新员工辞退，会面临违法解除劳动合同的风险。为了说明新员工不胜任工作，可以提供这样一些证据：工作标准的证据、第一次不胜任工作的证据、培训或调整岗位的证据、第二次考核不胜任工作的证据。

3. 对新员工进行再度考核

如果新员工调岗或参加培训后，依然无法胜任工作，则表明他并不具备履行劳动合同的能力，企业可以以"不胜任工作"为由解除合同。

4. 向新员工发送解雇通知

《中华人民共和国劳动合同法》第四十条第二款规定，"劳动者不能胜任工作，经过培训或者调整工作岗位，仍不能胜任工作的"，"用人单位须提前三十日以书面形式通知劳动者本人或给予一个月工资后当天发出，并支付相应的经济补偿金，方可解除劳动合同"。

可是，如果遇到以下情况，即使"不胜任工作"，也不能解除劳动合同。

（1）从事接触职业病危害作业的新员工，没有进行离岗前职业健康检查，或者疑似职业病病人在诊断学观察期间的。

（2）在企业患职业病或因工负伤并被确认丧失或部分丧失劳动能力的新员工。

（3）患病或非因工负伤，在规定的医疗期间的新员工。

（4）在孕期、产期、哺乳期的女职工。

（5）法律、行政法规规定的其他情形。

根据上面的分析可知，如果企业想以"不胜任"为由解雇新员工，就需要遵循法律要求的程序，并采取合理的手段，对新员工的工作表现进行评估。如果评估不客观、不合理，或在程序上不合规，可能就要支付双倍的法定补偿金，或恢复新员工的劳动关系。

选人小知识

有些新员工一定要开除

（1）道德品质存在缺陷的人。在评论新员工的好坏时，首先要关注他的道德素养。道德品质太差的人，就是小人，一般都自私自利，甚至心肠歹毒、阴险。也有些人道德品质虽没这么差，却喜欢夸夸其谈，喜欢说场面话，甚至假话连篇……这样的人，也同样做不出有正能量的事情。

（2）不懂得感恩的人。看看新员工在几次关键事件中的态度，就能发现某些人的"白眼狼"的本质。不懂得感恩，就不会感恩自己的平台，也不会感恩曾经对他支持和帮助的人，更不会出成绩。这类新员工，即使能力再强，也不值得企业培养。

（3）忠诚度不高的人。公司和老板都希望员工忠诚，不能做损害公司、损害老板利益的事，更不会容忍或漠视损害公司、损害老板利益的现象存在。忠诚度不高的人，今天可以为了自己的利益依附于A，明天就可能为了自己的利益依附于B。立场不坚定的新员工，最好尽早辞退。

（4）素质不高又不愿意学习的人。有些新员工本身素质不高（这里说的素质包含文化素质、专业技能素质），但可以通过后天的学习、培训，来提高自己。但是，如果新员工对自己的不足认识不清，不能虚心向他人请教和学习，也就不堪培养和任用，要尽早辞退。

（5）接受和领悟能力不高的人。这样的新员工，是无法委以重任的。带这样的员工，只会让上司身心俱疲。没有在规定的时间内完成工作，他们只会觉得自己无辜。这种人，只适合做简单、重复的工作，不能委以重任。